U0643567

新时代

少先队辅导员工作

实务与创新

XINSHIDAI SHAOXIANDUI FUDAOYUAN GONGZUO SHIWU YU CHUANGXIN

栾丽萍 魏晓娟 / 著

图书在版编目（CIP）数据

新时代少先队辅导员工作实务与创新 / 栾丽萍，魏晓娟著 . — 济南：济南出版社，2022.9

ISBN 978-7-5488-5221-6

Ⅰ .①新… Ⅱ .①栾… ②魏… Ⅲ .①中国少年先锋队—辅导员—工作 Ⅳ .① D432.51

中国版本图书馆 CIP 数据核字（2022）第 174053 号

新时代少先队辅导员工作实务与创新

XINSHIDAI SHAOXIANDUI FUDAOYUAN GONGZUO SHIWU YU CHUANGXIN

出 版 人： 田俊林
图书策划： 马志强
责任编辑： 赵志坚　李文文　孙亚男
封面设计： 王　焱
出版发行： 济南出版社
地　　址： 济南市市中区二环南路 1 号　（250002）
邮　　箱： 976707363@qq.com
印 刷 者： 济南新先锋彩印有限公司
成品尺寸： 148 mm × 210 mm　1/32
印　　张： 10
字　　数： 234千字
印　　数： 1—5000册
出版时间： 2022年9月第1版
印刷时间： 2022年9月第1次印刷
定　　价： 68.00元

目　录

第一章

当前我国面临的国际、国内形势与新时代中国少年先锋队

第一节　当前我国面临的国际、国内形势

一、当前我国面临的国际形势

当前，我国面临的国际形势异常严峻，不容丝毫乐观。2020年暴发的新冠肺炎疫情横扫全球，各国对待疫情采取的措施不一，导致个别国家疫情泛滥，投入大量医疗资源但成效不佳，全球确诊病例和死亡病例不断增加。西方部分国家不断利用疫情对我国大肆诬蔑，造谣生事。部分西方国家为转移国内矛盾，从政治、经济、金融等领域不断对我国施加压力。此外，2022年2月以来，由西方国家主导的北约东扩导致的俄罗斯与乌克兰冲突而引起的石油、天然气能源危机，金融危机，核危机，粮食危机等，导致世界局势错综复杂，充满变数。

二、我国面临的国内形势

当前，我国的国内形势总体稳定，向好发展，但不确定因素也有很多。2020年暴发的新冠肺炎疫情此起彼伏，起起落落，对当前我国经济发展产生一定影响。与此同时，由于经济全球化，我国面临的稳步发展形势也发生着变化，面临诸多挑战与压力。当前国内形势不容乐观。其中既涉及传统领域，也涉及非传统领域，既有经济因素，也有政治因素。面对复杂严峻的国内形势，我国发展步伐的内涵和外延不断扩大，突出地体现在国防、经济、科技、文化、信息及生态环境等方面。

第二节　新时代的少先队员与少先队工作

一、现阶段少先队员对政治启蒙认知的现状

"培养什么人、怎样培养人、为谁培养人"涉及每个国家教育中的根本问题。我国确定了"培养德、智、体、美、劳全面发展的社会主义建设者和接班人"的教育目标。"社会主义建设者和接班人"即阐明了少先队员政治启蒙认知的社会价值问题。

（一）政治启蒙认知的三个阶段

政治启蒙认知包括政治启蒙认识阶段、带着情感认同阶段和积极参与活动阶段三个阶段。

1.政治启蒙认识阶段。

这是指少年儿童对于祖国名称、中国共产党、国旗、党旗、国徽、党徽、国歌、国家主席等的浅度识记与内化的阶段。

这一阶段属于仅仅知道和政治有关的词语、事务，少年儿童并不能从根本上理解这些名词的含义，属于浅层次政治认识阶段。

通常来说，小学阶段1—3年级的少年儿童（6—8岁）属于这一阶段。

2.带着情感认同阶段。

这是指少年儿童经过教育和学习，对祖国名称、中国共产党、国旗、党旗、国徽、党徽、国歌、国家主席等充满感情的熟识与记忆阶段。

通过进一步学习和辅导员的教导，随着年龄的增长，这时的少年儿童逐步对中华人民共和国成立和发展的艰辛历程和伟大成就、中国共产党、社会主义制度有了更深刻的认识，知道现在的美好生活来之不易，得益于中国共产党的领导和社会主义制度，从心里产生对党、对祖国的敬佩与感激之情。此阶段属于内心逐步产生对国家认同、政权认同和社会制度认同的阶段。

通常来说，小学阶段4—6年级的少年儿童（9—11岁）属于这一阶段。

3.积极参与活动阶段。

这是指在前两个阶段的基础上，广大少年积极主动地、发自内心地参与到热爱祖国、热爱中国共产党、热爱社会主义制度的活动之中，用实际行动表现出对祖国、对中国共产党、对社会主义制度、对人民的朴素感情。

通常来说，初中阶段7—9年级的少年儿童（12—14岁）属于这一阶段。

（二）不同年龄少先队员的政治认知发展特点

1.我国现阶段1—3年级少年儿童（6—8岁）具有较强的政治认同情感，但这一阶段的少年儿童政治启蒙认知局限于知识记忆层面，属于三个阶段中的第一个阶段，即政治启蒙认识阶段。

大多数孩子经过学习与教育，都能熟知我国的全称是中华人民共和国，首都是北京，认识国旗、国徽、国歌和国家主席，知道中国共产党，认识党旗、党徽等。

2.当下，小学阶段4—6年级的少年儿童（9—11岁）大多数能够达到第二阶段的标准。

通过进一步学习并随着年龄的增长，此时的少年儿童已基本加入少先队，通过在少先队组织中的学习，逐步对自己的祖国、中国共产党、社会主义制度有了更深刻的认识，知道现在祖国取得的巨大成就，今天的美好生活来之不易，这些都得益于中国共产党的领导和社会主义制度的优越性，从心里充满对祖国、对中国共产党的敬佩与感激之情。内心逐步产生对国家、政权和社会制度的认同。

3.目前，初中阶段7—9年级的少年儿童（12—14岁）属于第三阶段——积极参与活动阶段。

但是，据有关资料显示，全国各地各学校广大少先队组织因多种原因，这一阶段活动开展得不是很理想。全国不少地方广大初中少先队员、教育工作者由于受应试考试的影响，并没有组织、引导广大少先队员积极主动地参与到热爱祖国、热爱中国共产党、热爱社会主义制度的活动之中。但是，在2021年1月31日《中共中央关于全面加强新时代少先队工作的意见》出台后，全国各地的情况出现了改观，不少中学的学生戴上了红领巾，学校也开展了一些少先队活动，但有些学校少先队活动仍然开展得不容乐观。

据有关调查资料显示，中学少先队活动开展情况存在以下问题：

一是少先队组织建设不健全，领导机构不够完善。

二是少先队阵地建设不健全，辅导员工作定位不明确。

三是有的学校虽然开展了有益的团队活动，但活动主题缺乏针对性，学生参与积极性不高。

二、现阶段少先队工作开展概况

当下，我国广大少先队员政治参与意识较强，在小学1—6

年级，也就是政治启蒙认识阶段、带着情感认同阶段这两个阶段，各项少先队活动开展得比较好。但是全国各地不均一，东部沿海等经济发达的各大中城市开展得好，各种活动丰富多彩，形式多种多样。我国西部及一些农村、偏远地区由于基础薄弱，少先队活动开展得不是很好，广大少先队员实际参与行为较少。究其原因，在这些地区教育实践中，存在政治教育重点偏移、少先队员主体地位落实不够、社会合力不足、活动经费不够等问题。因此，面对这些问题，各地有关部门应充分重视起来，在《中共中央关于全面加强新时代少先队工作的意见》，共青团中央、中央宣传部、中央文明办、教育部、民政部、财政部、农业农村部、文化和旅游部、退役军人事务部、国家文物局、全国妇联、中国科协、全国少工委印发的《关于构建新时代少先队社会化工作体系的实施意见》，共青团中央、教育部、全国少工委印发的《关于构建阶梯式成长激励体系　增强少先队员光荣感的指导意见》等文件精神的指导下，各有关单位积极行动，重视少先队员德育教育、少先队员政治常识教育，通过多种有效途径，培养广大少先队员从小树立政治观念，促进少先队员政治参与；开展阶梯式政治引导教育，实现少先队员主体价值；加强全社会通力协作，发挥教育部门和少先队组织的教育合力，从而提高广大少先队员政治教育的科学性和有效性，引导广大少先队员学习传统道德，学习法律法规，树立爱党、爱国、爱社会主义的意识，切实增强自身免疫力、抵抗力，拒腐防变，使广大少先队员成为听党话、跟党走，做中国特色社会主义和共产主义合格的、可靠的接班人。

第三节 少先队实践活动开展现状

——以山东省为例

党的十八大以来，尤其是党的十九大以来，习近平总书记对少先队工作提出明确要求，强调少先队要坚持开展组织教育、自主教育、实践教育，更好地为少年儿童培育和践行社会主义核心价值观服务，特别强调要突出少先队的组织属性，以实践教育为基本形式，对少年儿童进行政治启蒙和价值观塑造，把广大少年儿童团结好、教育好、带领好。在2021年1月31日出台的《中共中央关于全面加强新时代少先队工作的意见》，共青团中央、教育部、全国少工委印发的《关于构建阶梯式成长激励体系 增强少先队员光荣感的指导意见》，2021年12月17日全国少工委颁发的《少先队活动课程指导纲要（2021年版）》中明确提出，要大力支持、积极鼓励基层少先队组织开展生动活泼、时代感强的主题队日和课内外、校内外少先队实践活动。

近年来，少先队通过开展一系列主题鲜明、生动活泼、独具特色的教育实践活动，在引导少先队员树立远大理想、形成坚定信念、提升综合素质等方面发挥了不可替代的作用，已成为中小学教育的重要组成部分。但由于种种主客观因素的制约，少先队实践活动存在明显的成人化、形式化问题，少先队实践活动效果无法满足少年儿童成长和少先队事业发展的需要，亟须得到改变和提升。

为了客观、全面地了解少先队实践活动开展的现状，探究少先队实践活动开展中存在的困难和问题，发掘总结少先队实践活动开展中好的经验和做法，进一步为少先队实践活动开展提出针对性的对策建议，山东省少工委组织部分省内少先队研究专家和少先队工作者组建课题组，对山东省少先队实践活动进行了深入研究。

一、研究概况

课题组综合运用问卷调查、访谈及案例研究等方法开展研究。通过问卷调查、个别和集体访谈法了解基层少先队实践活动开展和全省少年儿童需求状况，在此基础上形成少先队实践活动调研报告；通过分析、梳理基层少先队优秀实践活动的好经验、好做法，形成少先队优秀实践活动案例集。

少先队实践活动的问卷调查研究采用分层抽样的方法，从全省16个地市共抽取51所学校，采用自编调查问卷分别对少先队员和辅导员进行相关问卷的调查。少先队员问卷调查共得到有效问卷7601份，辅导员问卷调查共得到有效问卷1499份。为深入了解基层少先队实践活动开展状况，课题组同时对部分少先队大中队辅导员、少先队员开展集体或个别访谈。课题组形成的优秀实践活动案例集另行呈现，本节内容主要在分析问卷调查和现场访谈资料的基础上形成。

二、山东省少先队实践活动开展现状

调研发现，各级少先队组织充分认识到组织开展好少先队实践活动的重要意义，少先队工作者为此付出了大量时间和精力，积极发挥家长和校外阵地的资源优势，因地制宜地组织开展了丰富的实践活动，受到广大队员的欢迎，也在促进队员成长发展方面起到了良好的效果。

（一）队员喜欢参加少先队实践活动，少先队实践活动取得了良好效果

队员是否喜欢参加少先队实践活动，在一定程度上反映了活动实施的效果。问卷调查结果显示，93.8%的少先队员喜欢参加少先队实践活动，5.6%的少先队员对于是否喜欢参加少先队实践活动的回答为"一般"，只有0.6%的少先队员表示"不喜欢"。当进一步追问其喜欢参加活动的原因时，89.1%的少先队员认为参加活动能有所收获，64.6%的少先队员认为活动有意思，吸引人参加，29.1%的少先队员认为能和同学在一起玩儿，3.9%的少先队员是因为不用在教室上课。由此可见，少先队实践活动因其集体性、教育性、实践性而赢得大多数学生的喜欢。

对于"参加少先队实践活动，你最大的收获是什么？"这一问题，少先队员的回答排在前四项的依次是：养成良好的品德和行为习惯，学习知识、增长见识和技能，更加热爱家乡和祖国，能够为他人服务。可见，通过少先队实践活动的开展，学生的道德品质明显增强，政治素养有所提高，在组织意识和个人成长方面都有所进步，这也正是组织开展少先队实践活动的最大目的。

（二）少先队实践活动普及率较高，常与学校其他教育教学活动结合进行

问卷调查结果表明，明确表示平均每周参加一次的少先队员占49.2%，有88.2%的少先队员平均每月至少参加一次少先队实践活动。由此可见，山东省少先队实践活动开展的普及率较高，无论是学校还是家长对于少先队实践活动的重视程度不断提升。

但是，结合实地考察发现，少先队实践活动仅有少部分以少先队组织名义开展，更多的是与班级德育、综合实践活动等一并组织开展。更有甚者，当下大多数中小学存在"未将少先队实践课程单独列入课表，少先队实践课往往和学校的综合实践活动共用1课时"的现象。

（三）少先队实践活动种类丰富

问卷调查发现，山东省少先队实践活动种类丰富，有爱国主义教育实践、科学技术活动、国防教育活动、手拉手实践活动、环保教育实践活动、劳动体验实践活动、敬老孝亲实践活动等形式，内容多样。其中，爱国主义教育实践活动（爱家乡的参观、访问、调查研究等）举办得最多，占72.4%，国防教育活动（少年军校、与部队联谊、拥军优属等）举办得最少，占45.5%。

（四）少先队实践活动主要由学校辅导员组织策划

少先队实践活动的组织与策划情况在一定程度上能够反映辅导员对少先队组织及少先队员特征的把握是否到位，反映少先队实践活动的目标是否得到切实践行。

问卷调查发现，实践活动的组织者主要是由学校与辅导员来担任，占比分别达75.7%与60.5%。而高达43.1%的少先队员完全没有参与策划或组织过少先队实践活动。这说明在少先队实践活动中，大部分队员只是被动地参与，没有体现出应有的主体性和参与性。通过对少先队员的访谈发现，高年级队干部在辅导员老师的指引下能较多地参与实践活动的策划和组织，而低年级队干部由于年龄小、能力不足等客观因素，较多地是服从辅导员的安排和指挥。对于普通的少先队员来说，无论年级高低，其参与活动策划和实施的机会较少，甚至还有部分队员认为自己没有权利组织活动，活动本来就是应该辅导员或教师来组织，自己需要做的就是听从安排。

（五）学校是少先队实践活动的主要场所，家长是志愿辅导员的主力

从《中共中央关于全面加强新时代少先队工作的意见》、《少先队活动课程指导纲要（2021年版）》，到共青团中央办公厅、教育部办公厅、全国少工委办公室印发的《落实中央"双减"有关要求 推进少先队实践教育重点项目实施方案》等，多个文件逐步提出少先队应以实践教育为基本形式，对少年儿童进行政治启蒙和价值观塑造。拓展实践活动项目和载体，注重采用全景式、体验式、沉浸式的实践方式，引导少年儿童在课堂内外、学校内外、线上线下参与丰富多彩、生动活泼的少先队活动，在实践中体验生活、感知社会、了解国情，提升活动的代入感、时代感、获得感。实践活动中注意引导少年儿童做到接触社会、接触大自然、接触现代科学技术，尽可能地走出教室，走出学校，走入社会，走入大自然。对少先队实践活动场所的考察，能够帮助我们了解少先队实践活动是否真正体现实践性，是否充分开发教育资源。据问卷调查显示，仅63.5%的少先队组织有固定的校外少先队实践基地，仅有37.01%的少先队实践活动利用校外实践基地资源展开；少先队实践活动开展的场所主要是以教室（53.8%）与校内其他地方（51.7%）为主，社会及公共场所等校外活动场所所占比例皆不高。

除此之外，通过对少先队校外志愿辅导员的研究也可以凸显少先队实践活动资源开发利用的程度。据问卷调查显示，79.7%的校外志愿辅导员由家长担任，先锋模范人物、优秀党员、老革命英雄、各行各业的创新人才、军人等虽皆有参与过少先队员的实践活动，但其参与率皆远低于家长，甚至有辅导员表示其所在学校从未有家长以外的社会人士参与过少先队实践活动。

（六）时间、安全和经费问题是制约少先队实践活动开展的主要因素

调研发现，目前开展少先队实践活动遇到的最大困难主要是时间难以保证（52.8%），其次是安全压力大（52.1%）、经费限制（43.8%）、缺少活动内容指导（34.2%）、缺少实践活动基地（32.4%）、辅导员精力不够（31.5%）等。

但事实上，通过对辅导员的访谈了解到，队员学习时间紧张、家庭作业和课外辅导班较多等现象带来的校外实践活动开展很难有时间保证，但无论是辅导员还是学校，都表示组织开展实践活动最大的担忧就是安全问题。安全隐患的存在首先是为少先队实践活动带来很大的审批难度与工作量，如每一次的少先队实践活动不仅要经过各个部门的层层审批，还要提前做好各种可能出现问题的安全预案。其次是为校方带来巨大的责任压力，因为参与者在活动过程中一般不会购买意外保险，一旦发生问题，校方与组织者将会承担很大的责任。

除此之外，就资金问题来说，学校在整体预算中，缺少对少先队实践活动的专项经费，即使有些学校设有少先队工作费用，但使用起来手续较为复杂，灵活性不够。现在许多以中队

为单位开展的活动，遇到租车或门票等问题，只能通过邀请家委会参与的方式解决资金问题。所以，许多活动因为资金无法解决而不能够顺利开展。

三、少先队实践活动开展过程中存在的主要问题

少先队实践活动开展是一项实践操作性很强的工作，不仅受少先队工作者现有理念和能力的制约，还受制于时间、资金、资源等诸多客观因素。少先队实践活动整体上仍存在政治性、组织性、实践性、儿童性、创新性不足，队员的主体性没有得到充分发挥，实践活动的激励、评价机制不完善，活动表现出一定的表面化、形式化等问题。

（一）少先队实践活动队味不浓，少先队特性体现不足

《中国少年先锋队章程》（中国少年先锋队第八次全国代表大会2020年7月24日通过）明确规定队的性质：中国少年先锋队是中国少年儿童的群团组织，是少年儿童学习中国特色社会主义和共产主义的学校，是建设社会主义和共产主义的预备队。第八次全国少代会工作报告指出：儿童性是少先队最基础的组织属性，政治性是少先队最本质的组织属性。所以，少先队实践活动，不仅要注重队员的实践，更要体现儿童性和政治性。

少先队实践活动效果的落脚点和教育过程的生成点，应放在组织意识培养、思想品德提升、政治启蒙和助力成长四大方面，其中尤以队员的组织意识培养和政治启蒙为先、为重。但目前少先队在这一方面做得还远远不够，虽然目前爱国主义教育类活动开展得较多，但多是学校实施开展德育工作的载体和途径，部分辅导员在组织设计活动时并未优先关注少先队员政治意识及能力的培育，未把政治性实践活动的有效开展当作头

等任务来抓，亦未把增强队员对队组织的归属感和荣誉感当作一项重要任务来落实。

（二）少先队实践活动偏离少先队员的主体地位，队员的自主性体现不足

少先队是少年儿童自己的组织，少先队员是少先队的主人，少先队实践活动必须发挥队员的自主性。然而，从目前的调研状况来看，少先队员对少先队实践活动的参与率虽然高达96.39%，但活动的组织策划和具体实施都主要是由学校和辅导员来完成，队员的主体地位没有得到充分体现，自主性未能得到充分发挥。

从调研结果来看，队干部尤其是高年级队干部作为辅导员的得力助手，参与实践活动策划和实施的机会较多，但普通队员一般没有组织活动的机会。虽然部分辅导员教师清楚应给予少先队员一定的自主权，鼓励其自主管组织、自主建阵地、自主搞活动的道理，但是囿于队员学习、安全的压力，以及家长不满意等因素，使得少先队辅导员不敢放权，只能在队干部的帮助下承担起主要责任。也有部分少先队工作者认为队员年龄小，成人帮其组织安排即可，队员仅仅是参与者，应严格听从辅导员老师的安排与指挥。

（三）少先队实践活动的实践性、创新性有待加强

少先队实践活动是少先队活动课程的途径之一，强调给予少年儿童"动"起来的机会，使其在形式多样的实践活动中更好地体验和创新；强调通过引导少先队员接触社会、接触大自然、接触现代科学技术，促进其进行有意识地改造自然和社会的实践体验。然而，目前少先队活动中"实践"的特性体现不够，出现实践机会过少、重活动轻实践的现象。具体来看，大多数少先队实践活动是在教室和学校中开展，限制了队员深入社会、实践和体验的机会。究其原因，时间紧张、安全压力、经费不足、辅导员精力不够等主客观条件，阻碍了少先队实践活动的开展。

除此之外，少先队实践活动还存在同质化现象，缺乏新意，缺乏特色活动品牌。经过调研，我们发现，山东省内大多数少先队的实践活动集中在手拉手，参观、访问和社会调查，环保教育，祭扫烈士墓（革命遗址、纪念地），小志愿者行动等类型，较少根据各地各校的地域和校本特色进行创新性开拓；在组织节日庆祝或纪念活动时，基层组织多年来也都采取同一种形式甚至是同一流程开展活动，活动的组织开展缺乏创新。

（四）少先队活动资源缺乏，有待进一步整合开发

少先队实践活动具有综合性、多样性、复杂性的特点，不仅需要学校、家庭、社区、科技场馆、示范园区等一系列场地，也需要各行各业的专家、优秀党员等广大社会人士的支持和帮助。调查发现，现有的少先队实践活动主要是在教室、学校、家庭中进行，缺乏社区等校外活动场所；近三分之一的辅导员表示存在实践活动场地缺乏的难题。现有的校外辅导员的数量整体不足，部分基层少先队组织缺乏与优秀志愿辅导员资源对接的渠道；79.7%的少先队志愿辅导员由家长担任，老革命英雄、优秀党员、各行各业的创新人才参与率较低。少先队实践活动的资源有待进一步开发整合。

（五）少先队实践活动缺乏完善的评价激励机制

目前少先队实践活动存在的形式不丰富、内容缺乏创新、活动的系列性和延展性不足、缺乏特色活动品牌等问题的根源，在于少先队实践活动缺乏科学、健全的评价激励机制。

2015年，全国少工委下发的《少先队活动课程指导纲要（试行）》，就少先队活动课程的性质、实现方式、评价激励进行了说明，但该文件激励仅限于"指导"层面，较为宏观、粗略，缺乏可操作的量化指标和易于实施的具体措施。尽管少先队实践活动的评价激励可以借鉴该文件的规定，但少先队实践活动不完全等于少先队活动课程。事实上，目前少先队实践活动尚无统一、成文的考核评价方案和激励管理办法。各省、市的相关"规约"既不能科学评价少先队员在实践活动中的参与度，无法树立一个优秀少先队实践活动的标准，也不能有效评估实践活动在促进少年儿童身心发展方面取得的实效。甚至我们在调研中发现，政策文本中仅有的几种少先队实践活动评价和激励机制，在当前基层少先队组织中的推行仍有所不足。如，激励队员提高自学、自理、自护、自强和自律能力的"红领巾奖章"争章活动并未在少先队实践活动中充分发挥作用，75.4%的少先队员未曾因为参加少先队实践活动得到过"红领巾奖章"，55.4%的少先队并未开展过相关活动。

当前，全国少工委先后出台了《"红领巾奖章"实施办法》《少先队活动课程指导纲要（2021年版）》，尤其是《少先队活动课程指导纲要（2021年版）》对激励评价进行了明确的表述：

课程激励评价方式：围绕培育新时代少先队员核心素养，

注重发挥队员的主体性，由队员和辅导员共同商定评价依据，重视情境表现、过程表现、能力表现，通过自我评价、辅导员评价、组织评价相结合的方式进行。课程评价要与"红领巾奖章"争章等少先队员阶梯式成长激励体系有效衔接，根据队员核心素养发展情况，以"红领巾奖章"为主要激励载体，并与入队激励、岗位激励、推优激励等做好对接。辅导员要做好写实记录，指导少年儿童分类整理有代表性的活动记录、事实材料和其他相关资料，指导少年儿童深入讨论、分析和研究自己和同伴在实践活动中的思想和行为表现，将评价变成相互欣赏、彼此激励的教育方式，要避免随意打分、简单排名等做法。

（六）少先队辅导员队伍的专业化程度有待提高

在回答有关"目前开展少先队实践活动遇到的困难和问题"时，部分辅导员提到一些自身因素，如有11.3%的辅导员认为，担任辅导员职务，自身知识与能力有所不足；8.3%的辅导员认为，自身观念陈旧，缺乏创新；31.5%的辅导员认为，自身精力不足，难以兼顾。这些数据反映了山东省中小学少先队辅导员队伍的一些基本状况：他们绝大多数是兼任辅导员，不仅没有足够的时间和精力来专注少先队实践活动，而且自身的知识与能力储备也不足以支撑其办好少先队实践活动。

除此之外，结合对部分辅导员的访谈了解到，基层少先队辅导员对少先队实践活动存在部分不正确认知。除上文提到的对队员主体性认识不充分之外，部分辅导员对于活动评价也存在不正确的认知。如，56.37%的少先队辅导员认为评价少先队实践活动效果时应以家长、社会与校领导的态度为基准。有些辅导员甚至将电视台是否采访与播报、是否被评为优秀案例或者被平台推送等作为该项实践活动效果的唯一评判依据。在此理念指引下，辅导员现有的朴素的活动策略普遍脱离受教育者本身，重外部社会效应而轻内在教育意义，致使部分活动流于形式，出现形式化、表面化问题，亟须加以引导和改进。

四、深入开展少先队实践活动的相关建议

少先队实践活动的常态高效开展是少先队改革的一个重点，同时也是一个难点。在少先队工作队伍专业性不够、少先队工作的政策支持和保障不完善等现实困境下，少先队实践活动的开展难免会出现一些困难和问题。若想改变系列不良现状，使少先队实践活动具有完善的活动评价机制，愈加符合少先队根本属性的要求，更具自主性、实践性，避开表面化、形式化误区，可以尝试从以下几个方面去突破：

（一）加强少先队辅导员队伍建设，提升基层辅导员的专业素养

辅导员是少先队实践活动的指导者，其专业素养很大程度上决定了少先队实践活动开展的效果。提高少先队辅导员的专业素养，应从辅导员职前的选拔配备、职中的培训和发展指导着手。

1.制定少先队辅导员专业标准，规范辅导员的选拔、配备、聘任和调整，切实保证热爱少年儿童、热爱少先队工作并具备相关素质者进入辅导员队伍，从源头上保证大、中队辅导员队伍的政治素养和业务能力。加强少先队学科建设，推动少年儿童组织与思想意识教育专业研究生毕业后到基层从事少先队相关工作，依托专业人才优势，提高少先队实践活动教育的效果。

2.加强少先队辅导员培训工作的实施力度并提升培训效

果。例如加大辅导员培训力度，扩大辅导员培训的覆盖面和辐射力，尤其要重视广大农村等偏远地区和经济欠发达地区辅导员的培训工作；从中央精神、政策理论的学习和少先队业务、专业知识技能提升两大维度来设计培训内容；丰富培训形式，通过理论学习、观摩教学、翻转课堂等，切实提升辅导员的政治站位和业务能力。就当前部分少先队辅导员对少先队实践活动的主体、形式、内容等方面存在认知偏差和活动指导能力尚需整体提升的情况而言，亟须通过开设少先队实践活动专题培训，改善其工作理念，提升其活动设计、活动指导、组织协调、资源整合等方面的能力，促进其放权增能，因地制宜、创新有效地开展少先队实践活动。

3.关注少先队辅导员自身的成长和发展，推进辅导员队伍的专业化建设。培养少先队辅导员名师、骨干，建设全国和各级少先队名师工作室。依托少先队名师工作室的引导、带动和辐射作用，实现少先队辅导员资源共享、智慧生成与全员提升。其中，工作室要定期组织观摩优秀实践活动、组织集体教研，提高辅导员指导活动和策划活动的能力；定期组织少先队员座谈会，倾听少先队员的心声及其对少先队实践活动的需求，针对阶段性问题设计工作方案，促进辅导员专业化发展；定期组织辅导员月度工作汇报会，通过辅导员阐述工作中的重点、难点，了解其活动理念和组织方式，分析实践活动过程中的优点及问题，进行针对性培训。

（二）建立完善的少先队实践活动制度，加强对基层少先队实践活动工作的指导

制度是工作开展的有效保障。少先队实践活动制度建设对

活动的目的、内容、实施、评价等均起着规定性作用，应建立健全科学严谨的少先队实践活动制度，形成有序的常态化活动机制。

1.省级少工委根据实际情况，每一学年或每一学期，制定并发布少先队实践活动指导方案，对活动目的、内容、实施和考核评价做出明确的说明。各地市根据实际情况制定清晰的活动指导方案，层层推进，具体到每一所学校。大队要在学年或学期初拟订少先队实践活动计划，各中队也要有主题地拟订具有中队特色的计划。方案上报之后，上级少工委应及时给予反馈和指导，必要时借助理论研究者的力量，务求少先队实践活动目的清晰、内容科学、实施有力、考核评价指标科学、合理。

2.将爱国主义、集体主义、社会主义和共产主义远大理想教育活动和"少先队实践活动必须体现少先队的性质"等明确写进少先队实践活动制度中。如：规定各学校每年必须开展2—3次思想引领类活动；队员在参加少先队实践活动时需统一着装，佩戴红领巾、队徽等组织象征物；在思想意识教育类活动始末呼号、行队礼。通过少先队特有的符号、仪式和文化，体现少先队的政治性和先进性，提升队员的归属感、使命感和责任感。

（三）建立完善的少先队实践活动评价机制

少先队实践活动评价机制能够通过判断、衡量、评定活动主体、目标、所产生的价值等，对少先队实践活动起到规范、调节、激励和管理作用。所以，若要更好地实现少先队实践活动的实效性，完善其激励评价机制是必不可少的一步，建议全国少工委充分论证，尽快出台一套科学的、可操作的少先队实践活动激励评价方案，健全少先队实践活动激励评价机制。建议在机制和方案的设计中重点考虑如下两大问题：

1.少先队实践活动评价方案可以参照《少先队活动课程指导纲要（2021年版）》中有关少先队活动课程评价方式，围绕培育新时代少先队员核心素养，注重发挥队员的主体性，由队员和辅导员共同商定评价依据，重视情境表现、过程表现、能力表现，通过自我评价、辅导员评价、组织评价相结合的方式进行。

同时，要与"红领巾奖章"争章活动等少先队员阶梯式成长激励体系有效衔接，依据全国少工委印发的《"红领巾奖章"实施办法》，根据队员核心素养发展情况，以"红领巾奖章"为主要激励载体，以《"红领巾奖章"争章手册》为抓手，并与入队激励、岗位激励、推优入团激励等做好对接。

辅导员要做好写实记录，指导少年儿童分类整理有代表性的活动记录、事实材料和其他相关资料，指导少年儿童深入讨论、分析和研究自己和同伴在实践活动中的思想和行为表现，将评价变成相互欣赏、彼此激励的教育方式，要避免随意打分、简单排名等做法。从评价主体来看，少先队实践活动的评价主体为少先队员、辅导员和学校领导，应随机选取一定比例的少先队员和辅导员、学校领导，分别就活动效果予以评价。从实施效果评价来看，应将"少先队教育目的达成水平与学生变化程度"作为少先队实践活动实施效果的评判标准。在评价内容、方法和具体指标上，采用结果性评价与过程性评价相结合、自主性评价与反思性评价相结合的评价方法；评价指标除了队员的情感体验和知、能收获外，还应涉及活动目标、活动内容、实施过程等多个方面。

2.少先队实践活动激励机制的设计，应主要着眼于少先队员和辅导员两大群体。根据共青团中央、教育部、全国少工委联合下发的《关于构建阶梯式成长激励体系　增强少先队员光荣感的指导意见》精神，建议深入推进"红领巾奖章"争章活动，切实发挥"红领巾奖章"争章活动的评价激励效用，不断提升队员参与的积极性、主动性和获得感。对于广大辅导员来说，以习近平新时代中国特色社会主义思想为指导，认真学习贯彻落实习近平总书记关于少年儿童和少先队工作的重要论述，以全面提升政治素质和履职能力为关键目标，强化政治培训，着力提高培训的针对性和有效性，努力成为一支政治过硬、业务精湛的辅导员队伍，为团结、教育、引领广大少先队员做共产主义事业接班人提供有力保证。

具体工作中，各有关单位应将少先队实践活动的实效纳入辅导员绩效考评或职称评聘中来，如在教师聘任、先进评选时，将辅导员从事少先队工作的能力和成绩作为考核的主要依据；推进"辅导员的工作量折算成相应教学工作量、大中队优秀辅导员享受同级优秀教师的待遇"等现有激励评价机制的常态化实施。

（四）优化少先队实践活动的各项保障

1.各省、市少工委应按照少先队改革方案要求，切实推进少先队改革主要任务清单落实到位，并对前期出台的少先队相关政策是否全部落地进行反馈和督促。

2.加强团教合作，为少先队实践活动组织开展争取有效保障。目前中小学领导对大型组织仪式教育（如少先队入队仪式、建队节、换巾仪式、离队仪式等活动）的重视程度较以往有了明显提升，但是他们关注的重点仍停留在学生良好行为习惯的养成方面，对少先队实践活动之于少年儿童成长发展和国家社会建设的重要意义认识不足。由此，共青团组织应该加大对少先队工作重要性的宣传力度，积极争取中小学校长和党组织负责人对少先队工作的重视和支持，为少先队实施开展实践活动提供必要的社会支持。鉴于少先队实践活动的重要性和特殊性，建议各省、市在少先队工作专项经费的基础上，增设少先队实践活动专项经费，以此保证少先队实践活动必要的资金和物资。

3.各级少工委要充分挖掘各类资源，为基层少先队员实践活动开展提供场所、阵地和人力资源保障。如与博物馆、科技馆、文化馆、生态农场等场所合作，挂牌设立区域级少先队实践活动阵地；积极动员"五老"、热心家长、有关社会组织和社会各界专业人士等担任少先队校外志愿辅导员，建立少先队实践活动志愿辅导员资源库，为少先队实践活动的开展提供必要的智力支持和人力资源保障。

第四节　新时代少先队辅导员的工作任务

2021年，中华人民共和国历史上第一个以党中央名义下发的专门加强少先队工作的文件——《中共中央关于全面加强新时代少先队工作的意见》出台，对做好新时代少先队工作做出了全面系统的战略部署，也为新时代少先队辅导员工作提供了行动纲领和价值遵循。依据文件精神，新时代少先队辅导员的工作任务主要包括：

一、强化对少年儿童的政治启蒙和价值观塑造

教育引导少先队员牢记总书记的嘱托，按照总书记的要求去做，努力成长为德智体美劳全面发展的社会主义建设者和接班人；培养少先队员对党和社会主义祖国的朴素情感，使之发自内心热爱党、热爱祖国、热爱人民，发自内心拥护中国特色社会主义；引导广大少先队员认识到祖国和民族的未来归根结底要靠一代又一代人亲手去创造，引导和帮助少先队员为成为中国特色社会主义合格的、可靠的接班人打下坚实基础；培育少先队员的共产主义理想和道德萌芽，在少先队员心中埋下为共产主义事业而奋斗的理想种子；引导少先队员从小培育和践行社会主义核心价值观，明德修身，从小做起、从自己做起、从身边做起、从小事做起，一点一滴积累，养成好思想、好品德。

二、着力增强少先队员的光荣感

认真学习贯彻《关于构建阶梯式成长激励体系 增强少先队员

光荣感的指导意见》（中青联发〔2019〕13号），通过入队、奖章、荣誉、岗位、实践、推优等多种激励方式持续激发少先队员的光荣感。组织开展好大队会、中队会、小队会、队委会、队课和主题队日，不断强化少先队员的组织意识。深入发掘并充分用好红领巾、队旗、队徽、队歌、队礼、呼号等少先队标志，以及"六一""十·一三"建队日等少先队重大节庆日的教育内涵。加强少先队仪式教育，通过庄重的仪式活动教育和感染少先队员。

三、促进少年儿童德智体美劳全面发展

结合当前国际、国内形势，对广大少先队员开展爱党、爱国、爱社会主义教育，加强对广大少先队员锻炼身体、拥有强健体魄的教育，坚持正向引导树立良好道德品质，确保广大少先队员从小学习做人、从小学习立志、从小学习创造。少先队辅导员要认真学习党的理论知识，学习毛泽东思想、邓小平理论、"三个代表"重要思想、科学发展观、习近平新时代中国特色社会主义思想，结合新时代特点，从广大少先队员实际出发，将国外与国内形势联系起来，将德育与智育结合起来，发挥少先队实践育人优势，开展好少先队活动课程，切实把广大少年儿童培育成让党放心、听党话、跟党走、永远不变质的中国特色社会主义和共产主义的可靠接班人。

四、加强学习，提升自身素质和能力

广大辅导员要积极主动地学习习近平新时代中国特色社会主义思想，以学习贯彻落实习近平总书记关于少年儿童和少先队工作的重要论述为首要任务，全面提升自己的政治素质和履职能力，结合时代任务和要求，规范性、创造性地开展好少先队工作。

第二章

少先队基础知识

第一节　少先队标志

一、队旗

大队旗，高90厘米，长120厘米，旗中心有黄色五角星及火炬（火炬镶黄色边，内为红色），可用布、绸、缎或其他质地材料按照标准制作。

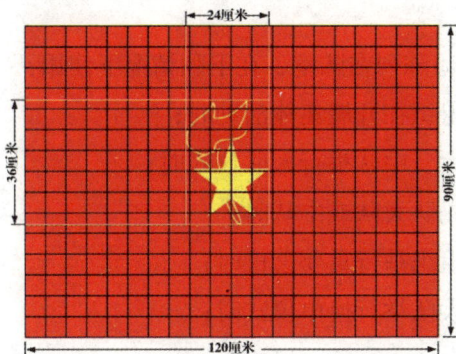

大队旗

中队旗，高60厘米，长80厘米，右端剪去高20厘米、底宽60厘米的等腰三角形，形成一个三角形缺口。五角星及火炬（颜色同大队旗）在以60厘米为边长的正方形中心。大队旗旗杆高0.9米+1.4米=2.3米；中队旗旗杆高0.6米+1.4米=2米。[①]

[①] 卢淑泉：《新时代少先队工作教程》，北方妇女儿童出版社，2018。

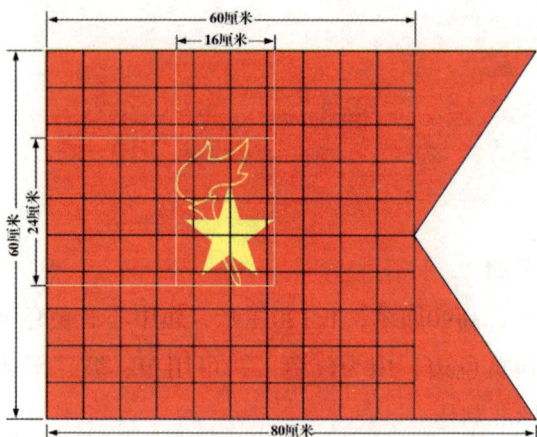

队旗平时应陈列在队室，在下列情况下使用：

1.少先队组织在开展集体活动时；

2.少先队大、中队举行入队仪式时；

3.成立少先队大队或中队时；

4.少先队组织举行重要会议时；

5.少先队大队举行换巾仪式时；

6.少先队大队举行离队仪式时。

除上述情况外，使用队旗及其图案须经县级（含）以上少工委批准。少先队员要热爱自己的队旗，在举行集会、队旗出场和退场时，队员应严肃、立正并敬礼。①

大、中队执旗方法：稍息时旗放右边，旗杆紧靠身体右侧，旗杆末梢顶住右脚的右上侧，右手用大拇指、虎口、食指握旗杆，脚做稍息状。听到"立正"口令，脚立正，右臂向后

---

① 卢淑泉：《新时代少先队工作教程》，北方妇女儿童出版社，2018。

侧伸直，左手拳状于右手下握旗杆，两手间隔20厘米。右手移到旗杆末梢，向腰间屈肘，左手伸直，队旗向前倾斜45度至60度，随音乐向前走。

二、队徽

1990年10月15日在中国少年先锋队代表大会上通过的《中国少年先锋队章程》确认五角星加火炬和写有"中国少先队"的红色绶带组成我们的队徽。五角星、"中国少先队"五个字和火炬柄为金色，绶带和火炬的火焰为正红色，火焰和绶带镶金边，"中国少先队"字体为黑体。

队徽是少先队组织的象征，队徽的使用应该庄重、严肃。队的各级代表大会、团委、少工委的会议室、队室，"六一"、建队日的活动场所以及有关少先队的外事场合等可以悬挂队徽。队的各级组织颁发的奖状、奖旗、奖章、证书、光荣证和其他荣誉性文件、证件及队的报刊上可以加印队徽。除上述情况外，使用队徽及其图案须经县级（含）以上少工委批准。

队徽可制作成徽章供队员佩戴。徽章的规格为高2.2厘米，宽1.8厘米。为确保队员戴得安全，徽章必须制作成按扣式或磁铁吸扣式。①

三、队歌

中国少年先锋队队歌原名《我们是共产主义接班人》，1978年在共青团第十次全国代表大会一中全会上被定为少先队队歌。词曲如下：

① 卢淑泉：《新时代少先队工作教程》，北方妇女儿童出版社，2018。

中国少年先锋队队歌

1 = ♭B 2/4

周郁辉词 寄 明曲

精神饱满地

```
1 —  | 5  3 1 | 2 3  5 | 6· 2 | i  76 |
1.我    们  是 共  产 主  义 接  班
2.我    们  是 共  产 主  义 接  班

5 —  | 5  55 3· | 3 2 i i 2· | i 3  57 |
人,      继承 革   命先  辈的 光  荣 传
人,      沿着 革   命先  辈的 光  荣 路

6 —  | 6  12 30 50 0 | 6 4·  3 | 2 3 |
统,      爱 祖国, 爱人   民, 鲜
程,      爱 祖国, 爱人   民, 少先

2·  1 | 2 3  5 | i· 6 | 5·  6 3·2 | i  i — |
艳   的 红领 巾飘   扬 在 前   胸。
队   员 是我 们骄   傲 的 名   称。

5·5  i  i | 0 3·3  6 6 | 0 5·5  6 | 3  0 |
不怕 困 难,   不怕 敌人,   顽强 学  习
时刻 准 备,   建立 功勋,   要把 敌人

6·5  43  2 | 0 3·  2 | 1  1 2· | 1 2·3  2 |
坚决 斗 争。  向  着 胜   利勇  敢前  进。
消灭 干 净。  为  着 理   想勇  敢前  进,

5·  4 | 3·3  23 | 5·5  56 | 5  55 | i — | i·  2 |
向  着 胜利 勇敢  前进 前   进,向着 胜    利
为  着 理想 勇敢  前进 前   进,为着 理    想

3·3  2 i | 2  0 3 | 5 6  3·3 | 2 i  6 0 | 7 0 |
勇敢 前 进,   我 们 是 共产  主义 接  班
勇敢 前 进,   我 们 是 共产  主义 接  班

i — | i — : |
人。
人。
```

四、红领巾

少先队员戴的红领巾分大、小号两种规格，分别是60厘米×60厘米×100厘米、72厘米×72厘米×120厘米。

小号：

大号：

红领巾

红领巾应用布、绸、缎等材料按照标准制作。

红领巾的佩戴方法可以分成四个步骤，具体见下图所示。为便于记忆，可掌握以下口诀：领巾披在肩，左边压右边，右边绕一圈，小角圈中过，两角拉拉紧，美观又大方。[1]

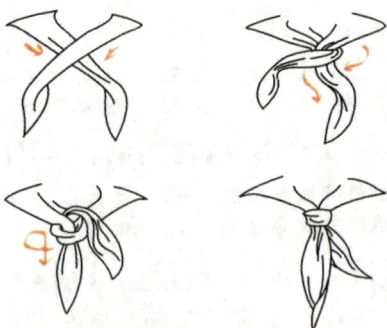

佩戴红领巾方法

---

[1] 卢淑泉：《新时代少先队工作教程》，北方妇女儿童出版社，2018。

红领巾是少先队员的标志。少先队员平时应佩戴红领巾。小学低年级少先队员戴小号红领巾，小学高年级和中学阶段的少先队员戴大号红领巾。天气炎热时，经大队委员会决议，除参加少先队的集会和活动外，可暂时不戴红领巾，但应佩戴队徽徽章。

少先队员离队时应珍藏红领巾和队徽徽章。

辅导员和参加少先队集会、活动的领导和嘉宾戴大号红领巾。

五、队礼

少先队的队礼是右手五指并拢，高举过头。它表示人民的利益高于一切。正确行队礼的方法是立正站直，右手五指并拢（左手也要五指并拢，自然下垂，贴裤缝），手腕自然挺直，前肘弯曲，掌心向左下，经胸前举至头顶约一拳处，手臂呈45度角，眼睛注视受礼者，表情庄重严肃。礼毕时右手原路返回。

少先队员升降国旗时、在队旗出场和退场时、在烈士墓前都应当行队礼。少先队员在集会前列队、行进、检阅时，由小队长、中队长或大队长代表集体行队礼，每个队员则立正或注目致敬。

敬队礼

六、呼号

1958年，团中央三届三中全会将呼号确定为："准备着：为共产主义事业而奋斗！"领呼："准备着：为共产主义事业而奋斗！"回答是："时刻准备着！"

第二节　少先队活动分类

少先队活动是少先队教育的基本途径和方法，是少先队的重要特点，也是"队的生命"。

一、依照组织级别分类

少先队活动依照组织级别，可分为大队、中队、小队活动。也可以是一个年级几个中队联合举行活动，称联合中队活动等。

二、依照活动方式方法分类

少先队活动依照活动方式方法，可以分为参观访问式、实践体验式、科技制作式、游戏娱乐式、体育竞赛式、文艺表演式、成果展示式、演讲报告式、讨论对话式、心理咨询式、培养训练式、野外生活式和综合式等。采用两种或两种以上活动形式的活动称为综合式活动。

三、依照活动结构分类

少先队活动依照活动的结构，可以分为独体结构（一次性）活动和多体结构（系列性）活动。多体结构活动是在同一主题下进行的系列性的多次活动，它们相互联系，前后衔接，引导活动深入开展，达到更好的效果。

四、依照准备时间的长短分类

少先队活动依照准备时间的长短，可分为汇报式总结队会和即兴队会。

五、依照活动内容和形式的性质分类

少先队活动依照活动内容和形式的性质，综合性地加以分类，可分为组织管理类活动、阵地教育类活动和队日主题类活动三大类。

（一）少先队组织管理类活动

组织管理类活动以少先队组织工作为基础，通过少先队组织日常的、自身特有的组织事务管理工作，向队员进行教育活动。它包括入队前的教育、入队仪式、低年级建队、队干部选举、队长学校、少先队表彰与批评、换巾仪式、离队仪式、少年团校、少先队代表会议（或代表大会）等。这些工作和活动都具备少先队自身特有的教育性等特征，对培养少先队员的组织观念、荣誉感和责任心，有着不可替代的重要作用。

（二）少先队阵地教育类活动

阵地教育类活动是由少先队组织和队员参与建设管理的，以活动场所和工具为依托，并伴有相应的管理组织所开展的工作和活动。

1.组织教育类阵地。最基本的就是少先队队室、少先队鼓号队。另外还有表彰鼓励用的光荣榜、展示台、评比栏，征求队员意见的"小主人信箱""知心姐姐谈心室"，培训小干部的"好队长学校"；为入团前教育服务的"少年团校"等。这一类阵地与组织管理类活动有交叉，是相融的。

2.宣传教育类阵地。如黑板报、壁报、红领巾书橱、科技长廊、广播站、电视台等等。

3.兴趣教育类阵地。主要包括各种红领巾社团，既可以是科学技术方面的，又可以是文化艺术、体育游戏的兴趣小组或

社团。

4.劳动实践类阵地。如生物角、种植园、文明岗、环保天地、卫生角、安全流动岗、红领巾银行、校外劳动实践基地等等。

5.综合类阵地。如少年宫、爱国主义教育基地，以及由少先队主办的"红领巾冬（夏）令营"、"红领巾假日小队"、少年科学院、少年军校、少年警校等等。

一个工作活跃的少先队组织，其阵地教育活动必定是丰富多彩的，它不仅仅依靠每周一课时的时间，还把少先队活动拓展到更为广阔的时间和空间。由队员自主选择，依照个人的兴趣爱好参加活动，每周甚至每天都有活动。而且有场所、器具、人员、管理等为依托，具有很强的实在性、经常性，十分有利于队员的个性发展。

如果把阵地建设的重心移到小队，少先队工作将会更加务实和以人为本，因为只有小队活跃，少先队才会真的活跃。

（三）队日主题类活动

队日主题类活动即在规定的班、队会时间里，少先队大、中、小队以主题队会（活动）为主的少先队活动，又称为主题队会或主题活动。

这一类活动针对性很强，根据指示精神和活动目标，结合队员的思想、道德、学习、生活实际确定主题，有的放矢地开展活动。主题是一种思想，少先队阵地中的很多内容和阵地的建设也都是紧密配合主题活动开展工作的。

第三节　少先队阵地

　　少先队阵地是少先队教育的物质依托，是少先队活动的物质载体场所，是少先队组织参与建设、管理并应用的场所。少先队教育最基本的阵地有队室、鼓号队、红领巾监督岗、黑板报、广播站、电视台、光荣册、队角、劳动实践基地以及校外的少年宫、青少年活动中心等。此节着重介绍少先队队室。

　　队室是少先队大队部的所在地。它是辅导员和少先队干部学习和讨论工作的场所，是向少先队员进行组织教育的阵地，也是展示少先队工作成果和荣誉的地方。每个少先队大队都应有少先队队室。队室既是少先队大队部的所在地，也是开展队的活动的地方。队室的布置要庄严朴实，美观大方，富有队的组织特色。队室的正面墙上要张贴少先队的呼号、作风、队歌、入队誓词，并悬挂队徽，侧面墙上张贴辅导员和队干部职责、队史挂图、大队计划及各项制度等。在适当高度可以挂上"辅导员名册""队干部名册""大、中队活动方案""会议记录簿""大队日志"等。队室是少先队大队干部的专门工作场所，为便于及时地处理各种日常事务，除了上课时间之外，每天应有队干部轮流值班。

　　队室的陈设要整洁、实用，便于队委会进行工作。主要有：

　　1.带有少先队标志的会议桌、椅子。会议桌一般放在队室的中央，桌子周围配上椅子，供辅导员和队干部讨论工作之用。有条件的学校桌面可铺上台布，摆上鲜花，使队室充满生气。每个队委都应有固定的办公位置，相应的桌面上可安放"××委员"和印有队干部的照片、职务、职责等内容的简介，在会议桌下的抽屉里则存放一些各部门的工作文件、资料、用具等，队委们可随时使用。

2.带有少先队标志的鼓号架。鼓号架是队室里不可缺少的一项设施，鼓号架最好设立在墙角处。鼓号架的大小要和鼓号的数量、长度和高度相配。每件乐器最好系上红色的绸子，以显示其美观、庄重。

3.红领巾书橱。红领巾书橱主要配置一些适合少年儿童、辅导员和有关少先队的图书、音视频资料，陈列大队部订阅的各种报刊和参考书籍，也可陈列本校自己办的队刊、队报。

4.带有少先队标志的资料柜。资料柜主要收藏、陈列队的档案。

（1）上级来文。指团中央、省市地团委对少先队工作下达的计划、指示、文件；教育部门及其他有关部门对少年儿童和少先队工作的文件、要求，或刊登在报纸上的重要文章等。

（2）计划和各种记录册。计划指大、中、小队的工作计划和活动计划，各种记录册包括活动记录册、会议记录册、检查评比记录册、值日中队记录册等。活动记录册应列有活动的目的要求、内容、日期、主持者、活动概况、效果和存在的问题、辅导员意见等；会议记录册应记载大、中、小队干部每次开会的时间、地点、内容、参加者、人数以及会议决议等。计划和记录册都要在辅导员精心合理的辅导下，由队员自己制订、自己执行、自己检查。

（3）大队日记。由每天在队室值班的大队委员填写。大队日记应填写当天少先队组织发生的重大事情，队员中出现的好人好事，以及遇到的问题和队员要求等。大队日记可以及时沟通辅导员和队干部之间的联系。

（4）小资料剪贴本。收集历年来优秀的少先队活动资料，如大队墙报、报头设计、宣传本、红领巾广播、科技知识、趣闻剪贴、文娱资料、体育资料、劳动卫生资料等，可装订成册，便于查阅。

（5）队长学校记录。记载队长学校的培训对象、培训时间、培训内容、培训次数、培训人员、测试结果和改进意见等。

（6）队长名册。记录各级队长的姓名、分工、特长及所在中队。

（7）各类社团成员的花名册。

（8）"红领巾奖章"争章手册、体验教育活动集锦、体验文章汇编等。

5.计算机及多媒体播放工具。计算机及多媒体播放工具是少先队组织适应时代发展所必需的硬件设施之一。少先队队室中的电脑网络系统可查询校内外、国内外的少先队活动资料，还可保存本校少先队的各类资料。

6.团角。中学的少先队队室应设共青团角，陈列青年英模、优秀团支部、优秀团员照片及事迹，陈列团组织的相关资料等。

第三章

少先队大队、中队、小队组织建设

第一节　少先队大队组织建设

一、少先队大队

《中国少年先锋队章程》（中国少年先锋队第八次全国代表大会2020年7月24日通过）规定："大队由两个以上的中队组成，成立大队委员会，由7至13人组成。"在城乡，一般按学校组建大队，一所学校就是一个大队。一些规模特大的学校，按年级组建大队，全校建少先队总队部；如果一个学校队员人数不足两个中队，也可以单独成立中队，独立开展活动和工作，不必和别的学校合并成为大队。在校外，为活跃少先队假日社区生活，应积极组建社区少先队，按行政村或街道建立社区少先队大队。少先队大队的工作由大队委员会领导。根据《中国少年先锋队章程》（中国少年先锋队第八次全国代表大会2020年7月24日通过）规定，大队委员会可以按工作需要，设队长、副队长、旗手和学习、劳动、文娱、体育、组织、宣传等委员。大队委员会的职责是：制订大队工作计划，组织大队活动，讨论研究有关全大队的事情，领导各中队工作，代表队员利益，向团组织和学校反映队员的愿望和要求。少先队大队委员会由少先队员大会（或少先队员代表大会）选举产生。队员大会（代表大会）每学年或每学期召开一次，大队委员会每学年或每学期改选一次。少先队大队委员会是少先队基层组织的领导、工作机构。

二、少先队大队的"五有十率"

"五有十率"是加强学校少先队大队组织建设的基本要求。

"五有"建设是指有组织、有辅导员、有活动、有阵地、有制度。

"十率"是指建队率和入队率、配备率和培训率、覆盖率和活跃率、普及率和利用率、健全率与执行率。

有组织，主要抓建队率和入队率。"有组织"是少先队最基础、最基本的工作内容和工作要求。有组织就是要根据要求建立、健全少先队大、中、小队组织，并通过民主选举产生各级委员会，建队率要98%（农村85%）以上；凡符合队章规定条件的少年儿童都要加入少先队，入队率要在95%以上。

有辅导员，主要抓配备率和培训率。建立一支数量足够、素质优良、热爱本职工作的辅导员队伍，是提高少先队工作水平的关键。要根据团中央和教育部联合下发的文件要求，选拔热心少年儿童教育工作、熟悉少年儿童教育工作、作风正派、为人师表的优秀教师担任辅导员，辅导员的配备率要在98%以上，培训率不能低于70%，新辅导员必须经培训后持培训合格证上岗。同时，各省、市、县可以在同级团委或教育主管部门设总辅导员，负责指导当地少先队工作，开展辅导员培训工作。

有活动，主要抓覆盖率和活跃率。少先队活动是履行少先队组织、实现少先队组织根本任务的基本途径，开展活动教育是少先队的特点。普及少先队活动的一般要求是：小学每周活动一次，其中大队主题活动每学期至少两次，每次队活动要保证大多数队员参加。以学校为统计基数的活动覆盖率在80%以上，农村在60%以上。少先队活动的活跃，主要是反映少先活动教育思想正确，活动形式多样，活动长期坚持，活动水平较高，有显著的教育效果，普遍发挥少先队员的自主性和创造性。以学校为统计基数的活跃率在30%以上。

有阵地，主要抓普及率和利用率。少先队阵地是少先队教育的物质依托，是少先队活动的物质载体场所，是少先队组织参与建设、管理并应用的场所。少先队教育最基本的阵地有队室、鼓号队、红领巾监督岗、黑板报、广播站、电视台、光荣册、队角、劳动实践基地以及校外的少年宫、青少年活动中心等。阵地普及率要在60%以上，利用率在95%以上。

有制度，主要抓健全率和执行率。制度是少先队组织建设与组织活动的依据和保障。这里的"制度"主要包括以辅导员为主体的工作制度以及以少先队员参与为主体的活动制度。根据有关文件精神，各种制度健全率要在60%以上，农村在30%以上。学校每月组织中队辅导员活动一次；县（区）级团委、少工委每学期组织辅导员总结活动一至两次。各种制度有效执行，执行率80%。

三、少先队代表大会

少先队代表大会是队组织实施民主集中制领导和管理方法的具体体现，是让少先队员实施民主权利、当家做主的保证，是队员学习民主、发扬民主、培养民主能力和主人翁思想的重要形式。少先队代表大会（简称"少代会"），是少先队大队或大队以上组织和机构召开，由队员代表为主体参加的会议。少代会上，大队委员会要报告一年的工作情况，对今后的工作和活动提出建议。大会要做出决议，表彰先进，民主选举出新一届大队委员会。[1]组织召开好学校少先队代表大会，要求必须重视和做好少代会的各项筹备工作，具体包括以下方面：

1.做好少代会代表的推选工作。首先要遵循民主选举代表的根本原则，在候选代表推荐时必须注意代表的广泛性，既要有队员代表，也要有队干部代表；既要有优秀队员代表，也要有普通队员代表；既要有正式代表，也要有特邀代表、列席代表。

2.设立少代会民主信箱，做好提案的征集工作。鼓励和发动广大队员对少先队和学校、辅导员工作提出意见和建议，形成提案提交大会讨论。

3.做好大会的宣传工作。要在校园里张贴专门的宣传标语，并在宣传橱窗开辟少代会专栏，如果大队有微信公众号的话可以推送少代会专题，利用传统宣传阵地和新媒体加强宣传。正式开会前，会务组应发出请柬，邀请上级领导及学校负责人出席会议。为营造庄严、热烈的气氛，也可以邀请兄弟学校师生代表列席。

4.做好少代会工作报告的起草工作。少代会上大队长要向大会汇报本届少代会成立以来的工作开展情况，由代表做审议。少代会的工作报告，除了工作回顾之外，还应包含对今后一阶段工作的设想和建议，以供大会做决议时参考。队委会起草少代会工作报告时，必须听取各方意见，尽量详实而全面。

四、少先队大队委员会

《中国少年先锋队章程》（中国少年先锋队第八次全国代表大会2020年7月24日通过）规定："在学校和社区、青少年宫

---

[1] 刘亚楠：《浅谈中队辅导员专业能力的提升》，《小学生（下旬刊）》2021年第1期。

等校外场所建立大队或中队，中队下设小队。""大队由两个以上的中队组成，成立大队委员会，由7至13人组成。"大队可以根据工作需要，设大队长、副大队长、旗手和学习、劳动、文娱、体育、组织、宣传等委员。

五、少先队大队的制度建设

制度是少先队组织建设与组织活动的依据和保障。制度主要有两类：以辅导员为主体的工作制度；以少先队员参与为主体的工作与活动制度。

（一）以辅导员为主体的工作制度

以辅导员为主体的工作制度，主要包括辅导员例会制度、辅导员培训制度、辅导员工作考核表彰制度等。

1.辅导员例会制度。

辅导员例会是对辅导员进行有效管理的重要手段，应该形成制度。辅导员例会有两种情况：一是学校大队辅导员参加上级少工委召开的以大队辅导员为主要对象的会议；二是由大队辅导员召开的以中队辅导员和学校志愿辅导员为主要对象的会议。辅导员例会的主要内容是听取工作汇报、布置工作、交流经验、组织培训，也包括参观考察、互查互检、理论学习等。

学校大队辅导员召开的中队辅导员例会，一般每月至少召开一次，也可结合班主任例会一并召开。每次例会都应该认真做好记录。例会的形式可以采用学习培训、观摩、现场演练、讨论座谈、以会议带培训等方式，尽量使辅导员例会开得生动活泼一点儿。辅导员例会，要做到有计划、有布置、有检查、有记录。辅导员出席例会的情况应该进行考勤，纳入目标管理体系，以确保会议质量。

2.辅导员培训制度。

辅导员培训是辅导员队伍建设的重要内容，是不断提高辅导员的工作水平，努力建设一支学习型辅导员队伍的迫切需要。学校大队辅导员和骨干中队辅导员要积极参加上级少工委组织的上岗培训、在职培训、提高培训以及专题工作培训等各类培训。大队辅导员组织中队辅导员的专题培训每学期不少于一次。

3.辅导员工作考核表彰制度。

学校大队辅导员除参加上级少工委的考核评优外，大队辅导员要协助学校党、团组织和学校行政，按照上级少先队组织对少先队工作的要求以及《少先队辅导员工作纲要（试行）》的分年级工作内容，制定中队辅导员工作考核标准并纳入学校考核体系，做好对中队辅导员的考核评价工作，依据中队建设的要求，通过观摩评比、阵地检查等方式，每学期进行一次考评，每学期末进行考核，并视情况予以奖励或督促，每学年结束时对成绩显著者予以表彰。

（二）以少先队员参与为主体的工作与活动制度

1.以少先队员参与为主体的工作制度。

以少先队员参与为主体的工作制度，包括学校大队的少代会制度、少先队小干部选举制度、少先队小干部培训制度、优秀少先队员表彰制度、优秀少先队集体表彰制度、少先队员队籍管理制度、少先队阵地管理制度、少先队档案管理制度等等。

（1）少代会制度。

学校少代会每学年举行一次。少代会代表要体现各类队员的代表性，发挥少先队员的主体作用，体现党、团组织对少先队的关心与指导。少代会要履行队员的民主管理职能，认真审议大队工作报告，评议大队委员会工作，讨论工作计划，与少先队大队委员会的改选相结合，民主产生新一届的大队委员会。

（2）少先队小干部队伍建设的制度。

①民主选举队委会的制度。要按照团中央和全国少工委相关文件的要求，大队委员会每年改选一次，中队委员会每学期改选一次。

②队干部例会制度。大队队干部例会一般每周或隔周进行一次，队干部例会可由大队长主持或由队委轮流主持，并负责向辅导员汇报。少先队干部例会的主要内容是汇报、布置和研究工作。

③队干部培训制度。大、中、小队干部每学期必须接受一次培训。培训的方式可举办队长学校，开讲习班或经验交流会、实际操作训练、现场观摩等，以培训队干部树立服务意识，熟悉和掌握工作职责和方法。

（3）少先队组织的表彰制度。

①制度性的表彰制度。经常在广播、队报、光荣簿上表扬好人好事；在队旗下举行"向您致礼"仪式；在六一儿童节、10月13日建队纪念日等节日，集中表扬优秀少先队员、优秀少先队集体。优秀队集体和优秀队员每年至少表彰一次。

②"红领巾奖章"争章的激励制度。要坚持"红领巾奖章"争章活动的原则，根据全国少工委《"红领巾奖章"实施办法》，面向每一个队员，激励队员广泛参与，根据"非竞争性"的要求，坚持队员自己与自己比，强调"参与就是进步，进步就要奖励"，激发队员主动发展的积极性。用好《"红领巾奖章"争章手册》，要把争当"五好少年"与"红领巾奖章"争章活动有机结合起来。

（4）少先队阵地的管理制度。如少先队队室、广播站、电视台、鼓号队、教育实践基地以及红领巾社团的管理制度等。

2.以少先队员参与为主体的活动制度。

（1）少先队活动制度。少先队大队活动每学期不少于两次，中队活动每月不少于两次，小队活动每周一次。要积极开展假日和校外活动。

（2）"红领巾奖章"争章制度。按照全国少工委《"红领巾奖章"实施办法》的要求，积极开展"红领巾奖章"争章活动。要把争当"五好少年"与"红领巾奖章"争章活动有机结合起来，激励队员人人争当"五好少年"。

六、少先队档案管理

少先队档案工作是少先队组织对其领导和管理的工作、活动中形成的具有保存价值的文件材料（包括文字资料、照片、录音、录像等）进行立卷、归档、接收、管理及提供、利用信息的工作。它是少先队工作的一个重要组成部分。本书第十五章将专门讨论少先队档案和管理工作，这里仅呈现少先队队籍管理制度和少先队簿册有关内容。

（一）少先队员队籍管理制度

做好队员管理工作是建立少先队自转机制、提高少先队活力的基础。队籍管理是少先队组织工作的重要内容，队籍档案的管理是少先队档案管理的重要内容，主要包括少先队员登记表和队员受表彰或处分等情况的资料。队籍资料由大队委员会统一保管。队员入队时要及时填写队员登记表。平时要及时记载队员所受到的表彰情况。队员转学或升学时，队籍资料应由本人转交新校的大队委员会。

（二）少先队簿册

簿册不但是队室管理的重要内容，而且是大队委员会的常务工作，是一项综合性强、涉及范围广、规范化程度高的工作，能够反映出大队的管理水平。大队的簿册比中队、小队要多一些。这些簿册的作用主要在于记录少先队组织的生活，督促少先队组织的工作，促进少先队组织的科学化、规范化管理。簿册的合理建立和使用，便于实行目标考核、总结经验、提供奖惩依据、开展表扬与批评，同时可以让上级领导随时抽查工作进度，交流情况，因此，簿册的管理是大队委员会的日常工作之一。大队的簿册在装帧上应该突出少先队的特色，封面上都应贴或画上队旗或者队徽。每本簿册都应由队干部记载和管理。平时，大队的簿册挂在队室里，便于队员监督。下面介绍几种簿册的制作和管理：

1."大队队员名册"。"大队队员名册"应由大队组织委员负责管理。"大队队员名册"要有队员的基本情况，包括姓名、性别、年龄、民族、所属中小队、入队时间、队内职务、奖惩情况等。装订这些登记表时，可按年级中队的先后次序排列。

2."队干部名册"。"队干部名册"应由大队组织委员负责管理。"队干部名册"要有队干部的基本情况，包括姓名、性别、年龄、民族、所属中小队、入队时间、队内职务、奖惩情况等。为了使队干部的资料更加完整，可以贴上彩色照片。装订时，可按大、中、小队的先后次序排列。

3."会议记录本"。"会议记录本"一般由副大队长负责管理。每次会议都要认真记录。记录时按一定顺序，将有关情况记录下来，包括：时间：××××年×月×日×时××分（要使用24小时制）；地点：××；出席：××……（姓名）；列席：
××……（姓名）；辅导员：×××（姓名）；主持人：×××
（姓名）；记录：×××（姓名）；会议内容：依次将会议的每
一项具体内容、每个人的发言要点记录下来，虽然不必将每一项
内容或每个人的发言原话都一字不漏地记录下来，但一定要如实
地将有关事项准确地记录下来，不要任意发挥或编造；会议决
定：将会议决定的事项完整地记录下来，以便贯彻执行和检查督
促。会议结束后，记录人员要请会议主持人核对一遍会议记录，
以妥善保管并备查。

4."大队日志"。少先队的活动丰富多彩，少先队员的生
活幸福快乐，记下在星星火炬下成长的每一步，是一件非常有
意义的事情，也是少先队大队委员会的日常工作之一。"大队
日志"的记录是一件严肃的事情，应按照活动主题、时间、地
点、方式步骤、内容和收获等要素和步骤，把少先队活动和有
意义的重大事件如实地记录下来。对于重大事件，如学校的少
代会表彰会等，除了时间、地点、方式、步骤、内容外，还要
记下通过的决议、表彰的名单、获奖者的先进事迹和照片等。
"大队日志"的记法可以灵活多样，力求生动活泼。除了以上
的记录，如时间、地点、方式、步骤外，主要内容可以使用多
种文体，如记叙、评论、诗歌、每人一句话等。

"大队日志"由中队选拔写作能力和绘画水平较高的队员
轮流记录。"大队日志"一般一学年一册，每册分为上、下两
部分，以学期划分。日志里除了文字描述和记录之外，还可以
配上相关图画和照片，以此真实反映少先队集体的成长历程。
"大队日志"应作为少先队重要档案予以妥善保存。

第二节 少先队中队组织建设

一、少先队中队

（一）少先队中队的组建

1.少先队中队的组建。

少先队中队是少先队基层组织之一，一般以教学班为单位编成。《中国少年先锋队章程》（中国少年先锋队第八次全国代表大会2020年7月24日通过）规定："在学校和社区、青少年宫等校外场所建立大队或中队，中队下设小队。""中队由两个以上的小队组成，成立中队委员会，由3至7人组成。"

2.少先队中队的地位及作用。

大队的一切工作都要依靠并通过中队贯彻实施，学校的一切教育、教学工作要通过中队所在的班级进行，小队的工作与活动需经中队领导、组织与发起。中队不动，全队难动；中队一动，全队皆动。中队是队员生活的基本单位，中队辅导员是队员的直接指导者，队员组织生活的质量首先取决于中队组织的发展状况。

（二）中队与班级的关系

由于少先队的组织发展方针是把"全体少年儿童组织起来"，因此，"全童入队"的根深深扎在学校里。少先队中队一般建在班级里。少先队组织与班级存在于同一学生群体中，但少先队中队与班级的组织属性、工作目标、工作内容并不相同。

1.组织属性不同。

班级是学校教育教学的基本单位，它具有全民性、基础性、普遍性等基础教育的共性特点；少先队是中国共产党设立和领导的少年儿童组织，既具有儿童性，又具有政治性，中队作为少先队的基层组织形式，也具有儿童性和政治性。因此，尽管中队和班级一样，都具有全童性与教育性，但中队有其独特的政治属性。

2.工作目标不同。

少先队与班级有着同样的教育目的，都是为了培养德、智、体、美、劳全面发展的一代新人，但是就其具体目标来说，两者具有不同的侧重点。班级就其形成来讲，是按照班级授课制的培养目标和教育规范组织起来的；就其教学组织的功能来说，主要是以完成课堂教学任务为目标；从教育管理的功能来说，主要是实现建班育人。班级是学校中开展各类活动的最基本且稳定的基层组织。它既是学校教育教学工作的基本单位，也是学生学习、活动的基层集体。只有把一个班的学生很好地组织起来进行教育，才能较好地发挥教育的优势，使学生在德、智、体、美、劳等方面得到和谐发展。

少先队组织是学习共产主义的学校，是建设社会主义和共产主义的预备队。就其教育目标来讲，它的根本任务是通过各种教育活动，培养少年儿童有爱心、养成良好的道德行为，培养国家意识、科学意识、劳动意识、审美意识，锻炼强健体魄，培养良好的心理品质，更为重要的是进行党、团、队相衔接的组织意识教育，灌输培养对党和社会主义祖国的深厚感情。所以，少先队组织更侧重于思想引领，重视政治情感的培养。

3.工作内容不同。

设置班级的目的是保障一定成员的教学和学习任务的完成。作为教学活动的正式组织、学校的基层，除了必须遵守学校的规章制度外，班级还可能有一系列的独特的管理规定，比如班规等。为了形成良好学风，提高教育质量，形成富有凝聚力的集体，班级展开一系列的工作，如班集体的建设、家长工作等；为了实现教学目标，班级又组织开展各种有意义的活动，如兴趣小组活动、校外活动，以促使儿童德、智、体、美、劳全面发展。

党建立少先队是为了组织和教育全体少年儿童，"准备着：为共产主义事业而奋斗"是为少年儿童提出的共同目标。少先队以共产主义精神教育少年儿童，通过对少先队队史、《中国少年先锋队章程》的学习，通过各种形式的队活动，培养儿童的党、团、队相衔接的组织意识，完成队组织交给的任务，提高儿童自我要求、自我监督、自我批评、自我调节和自我教育的能力。因此，班级和少先队虽然同属于一个群体，但它们是两个不同的组织，两者的工作内容和工作重点是有差异的。班级工作是以日常管理和教学活动为主要内容，而少先队组织主要是对少年儿童进行组织观念教育，学习革命先锋、热爱组织、学当主人、培养能力是少先队工作的重点。

4.工作方法不同。

在学校中，班级是教育少年儿童的主要场所。在班级中，班主任是组织者、教育者和指导者，学生是受教育者。班主任作为教育者，在学业上，一般都受过专门训练，"学业在先，术有专攻"，对儿童的发展有一定的认识，要求他们对自己从事的工作有较强的社会责任感。他们在思想、知识、能力等各方面能够胜任对学生的指导，并能科学而合理地设计、组织和实施教育活动，引导学生积极参与；同时发挥学生的主体作用，促使学生自觉地接受教育要求，并努力达到这些要求。作为受教育者的小学生，正处在长身体、长知识的时期，知识、经验还不丰富，智力、体力还不成熟，他们非常需要教育者的引导和帮助。这犹如行军探险需要向导引路，是曲折还是顺利，是走捷径还是走弯路，都主要取决于向导。在教育过程中，班主任的工作恰如向导一般，起着一种引导路程、把握方向的作用。在中队组织里，中队辅导员的角色任务是辅导和指导帮助中队干部组织开展少先队工作，发动队员们积极参加各项少先队活动。从某种程度上可以说，自理、自律、自动是少先队工作的基本方法。此外，由于少先队独特的活动性、实践性、社会性特征，中队辅导员必须采用灵活多样的工作方法。

由此可见，班级和中队由于教育目标和教育内容的侧重点不同，导致两者所采用的教育方法的侧重点有所不同。尽管近些年来，越来越多的班主任在班级管理中注重发挥学生的主动性和积极性，但班级管理和中队辅导员工作中还是具有各自的鲜明特性。

中队与班级相比，其全童性与教育性是一样的，但有其特殊性：一是中队有比较完备的组织性、民主性、自治性；二是中队体现少先队组织从属党、团领导的政治性；三是教育方式的独特性——活动性与实践性，以及广泛的社会性。

二、少先队中队委员会的组建

《中国少年先锋队章程》（中国少年先锋队第八次全国代表大会2020年7月24日通过）规定："中队由两个以上的小队组

成，成立中队委员会，由3至7人组成。"中队委员会由中队会议经全中队队员民主选举产生。其基本程序是：中队大会由上届委员会简单地总结中队工作，表扬中队中的优秀行为，指出中队中存在的不足之处。队员也可对中队委员会的工作提出批评和建议。然后对中队委员会候选人进行选举。选举要充分发扬民主，发挥队员的积极性、主动性。候选人不能由辅导员任意指定，也不能只着眼学习成绩的优良。对选出来的中队干部要授予少先队小干部标志。

少先队中队由中队委员会领导。中队委员会的主要职责是：制订中队计划，按照党、团组织和学校的要求，针对队员的品德、学习和成长的需求，组织开展中队活动；关心和吸收少年儿童入队，领导队员共同建设中队集体；代表队员利益向有关部门反映队员们的愿望与要求，促进队员健康成长和全面发展等。

第三节　少先队小队组织建设

一、少先队小队

《中国少年先锋队章程》（中国少年先锋队第八次全国代表大会2020年7月24日通过）规定："小队由5至13人组成，设正、副小队长。"少先队小队是少先队最基层的组织单位，是团结、教育、引导少年儿童最基础的集体。小队具有以下几个显著的特征：

（一）小而灵活

小队队员不多，所以活动易组织，受时间、场地等主客观条件的制约程度较小，可以方便、灵活地开展活动。例如，针对队内新出现的问题，开展3分钟民主评议；针对队员身体素质提升，组织每天15分钟的专项体育锻炼；通过读报、看电视、上网等发现重要信息，举办10分钟的信息发布；等等。

（二）小而多样

小队的组建方式灵活多样，班级内拥有共同兴趣爱好的队员可以组建一个小队，同住一个社区、家离得较近的队员也可以组建一个小队，也可以有校内外统一按优化原则的小队。

（三）联结紧密

与中队、大队不同，小队由于队员人数少，队员之间的交往更为直接和频繁，所以队员之间的情感联结更为紧密。

（四）队员参与率高

小队的活动灵活多样，且队员人数不多，所以小队队员普遍拥有比在中队和大队更多的参与和表现的机会。

二、少先队小队的组建

在校内，传统的小队组建方法是教学班的教学小组，即一个小组为一个少先小队。这样做，便于组织，便于活动，而且组织比较严密，易于加强领导和管理。

小队活跃是全队活跃起来的基础。优化组建小队，应尽量按照"自愿结合、合理编队、自选队长、自定目标、经常活动、建立阵地、辅导员自聘"的原则。前面我们也提到过，少先队小队的组建方式灵活多样，比如由喜欢唱歌的队员组成的合唱小队，由热衷于志愿服务的队员组成的学雷锋小队，同住一个社区的队员组成假日雏鹰小队，等等。

小队队长由队员民主选择产生，可以设小队长一人、副小队长一人，也可以由队员们轮流担任值日小队长。队长应代表本小队全体队员的利益，组织召开好小队队会，不仅要传达好上级队组织精神，还要及时向中队反映小队的诉求，维护队内团结，带领小队组织开展好活动。

小队的辅导员可以由小队根据实际需要自主聘请，建议用以下办法：

（1）发动家长。通过校长宣传、大队部分发《告家长书》等办法，让家长了解意义，承担责任，并掌握一定的辅导原则和方法。

（2）引导自聘。启发队员根据活动需要，向有条件的家长、社会理想人士发出特邀志愿辅导员的聘书。

（3）交代任务。向特邀志愿辅导员交代辅导的重点与任务：

①帮助执行小队长设计、安排、完善队活动计划。

②按队员的要求及自己的专长传授一门知识及一项技能。如：职业是园林工人的志愿辅导员可辅导队员去公园学园林技术，职业是医生的志愿辅导员可辅导队员学习自我保健小常识，等等。

③创设小队活动条件，请进来或带出去的过程确保孩子安全。

（4）广开门路。从本校任课老师当中聘请。如：请音乐老师辅导小队音乐会，请体育老师来辅导健身游戏。小队聘请家长辅导，家长若有困难，可请同事、邻居来辅导。

（5）自聘程序。小队集体商定上报，中队批准，辅导员把关。

为激励队员们不断进步，小队可在辅导员的指导下自取队员、自制队徽，开展特色活动，并建立自己的评优制度，对表现优秀或者取得明显进步的队员进行表扬。

第四章

中学少先队组织建设

第一节　加强中学少先队组织建设是当前少先队组织建设的重要任务

一、少先队中学阶段是少先队工作的黄金阶段

（一）做好中学少先队工作是加强少先队自身建设、实现少先队根本任务的需要

少先队是6—14周岁中国少年儿童的群团组织。12—14周岁的少年儿童处于初中阶段，这一阶段的少先队教育趋于成熟，是少先队工作的黄金阶段。中学少先队是少先队的重要组成部分，做好中学少先队工作，对于加强少先队自身建设，全面实现少先队根本任务，增强少先队组织吸引力、凝聚力、战斗力、创造力有着重要的意义。

（二）做好中学少先队工作是服务少年儿童健康成长的需要

中学少先队是初中少年的主体组织。一方面，初中少先队员既有小学阶段的基础，又接受着中学教育，知识更丰富，对少先队组织性质和任务的理解更加深刻，并且组织观念已经养成，各种能力明显提高，伙伴间的相互影响和集体的力量对其身心发展的作用更大，少先队组织的作用能更充分地发挥。另一方面，初中少年正处于青春期前期，特殊阶段的心理特征，决定了他们更渴望、也更需要接受组织的教育与关怀。做好中学少先队工作，适应初中学生身心发展需要，服务少年儿童健康，对促进未成年人思想道德建设有着特别重要的意义。

（三）做好中学少先队工作是做好为共青团组织奠基工作的需要

中学少先队是共青团组织的基础和源头。队员进入初中后，成人感日益明显，他们开始向往共青团，希望少先队组织能帮助、指引他们入团，由此出现了一个团前教育的最佳时期。中学少先队的团前教育为队员进步增添了新的动力，大批积极分子的涌现又为团组织的发展工作奠定了基础，使中学共青团组织的建团质量有了可靠的保证。做好中学少先队工作，做好党、团、队组织意识与组织建设的衔接，特别是加强少先队与共青团组织教育和组织建设的衔接，为团组织培养合格预备队有着重要的意义。

二、中学少先队工作历来是全团和全队工作的重点

多年来，围绕加强自身建设、推优入团、全团带队、加强未成年人思想道德建设，团中央、全国少工委就中学少先队工作做了一系列重要指示。

1993年共青团十三大通过的《中国共产主义青年团章程》明确规定："中学少先队组织可以推荐优秀少先队员作共青团的发展对象。"1994年9月5日，共青团中央颁发《关于做好推荐中学优秀少先队员作共青团的发展对象工作的意见》。1996年8月3日，共青团中央、全国少工委印发了《推荐优秀少先队员作团的发展对象工作细则（试行）》。为贯彻"推优入团"的两个文件，团中央、全国少工委连续在1994年和1995年召开了现场推进会，部署开展了"谱写青春序曲，迈向新的世纪"主题教育活动。推优入团的工作任务赋予了中学少先队新使命、新内容。

共青团中央于2003年10月8日印发的《共青团中央关于加强全团带队的意见》要求"中学共青团组织要加强对少先队员入团前的培养教育，帮助中学少先队组织做好推荐优秀少先队员作团的发展对象的工作"。

2005年6月召开的第五次全国少代会的工作报告强调指出："进一步加强中学少先队工作，巩固中学少先队组织，开展富有初中阶段少先队员特点的教育活动，加强团、队衔接，加大推荐优秀少先队员作团的发展对象的工作力度。"第五次全国少代会后，全国少工委颁发的《少先队辅导员工作纲要（试行）》，对初中阶段（七年级、八年级）的少先队教育、少先队工作任务做了明确而具体的规定。

2008年，共青团十六大以后，全团和全队开展"共青团、少先队基层组织建设和基层工作试点工作"，将中学少先队作为试点重要领域，明确了试点内容。

2010年，第六次全国少代会再次强调"加强中学少先队工作"。

2015年5月第七次全国少代会及2020年7月第八次全国少代会均重点强调要"加强中学少先队工作"。

三、加强中学少先队工作是广大中学少先队组织的不懈探索

尽管全国少工委多次强调要加强中学少先队工作，但与小学少先队工作相比，中学少先队工作仍然存在薄弱环节。阻碍其工作开展的主要原因有如下几个方面：

1.观念障碍。

初中生具有独特的年龄特征，无论是学习内容还是发展任务都与小学儿童有很大不同。初中阶段还要不要少先队？初中

少先队还有没有存在的价值？对这些问题的质疑成为制约和阻碍中学少先队生存发展的最大问题。

2.管理体制上的局限。

上级对少先队的组织管理往往呈现统一化的特征，对中学少先队提出和小学少先队同样的工作要求，极少针对中学少先队工作的特性提出差别化的要求和有针对性的指导建议。组织建设与管理的弊端不仅无法彰显初中少先队"大少年"的特点，也阻碍了中学少先队工作水平的发展。

在基层，存在的问题主要包括如下方面：校队混合、班队合一，校队不分、班队不分，少先队作用难以发挥；团支部、少先队中队、班级三重组织共同存在，带来组织建设的新问题。

3.教育困惑——中学少先队活动的实效性难题。

与小学少先队相比，中学少先队承担着更为繁重的教育任务，既要进行少先队教育，又要进行入团前教育；初中少年进入青春期，又有沉重的学习负担，更需关注他们的成长需求，中学少先队活动的针对性与实效性一直是中学少先队工作亟须解决的突出问题。

当前，中学少先队教育中存在的教育空白（不开展活动），或者形式主义、花架子、作秀的不良倾向，或者是"以团代队"（以团建代替少先队教育）的现象，其实质都是中学少先队教育目标、教育任务、教育内容不明晰的问题，其根源在于对中学少先队活动定位存在误差。增强中学少先队活动科学性、实效性的基础是坚持习近平新时代中国特色社会主义思想，围绕少先队组织的根本任务，以育人作为目标和尺度，尊重中学少年的成长规律，发挥中学少先队员的主体性，同时，中学少先队工作要有"大少年"的特点，要提高辅导的针对性，真正发挥导向功能，使少先队活动真正为初中少年服务，促进实现少先队组织根本任务，这是中学少先队活动永葆生机的根本所在。

2009年至2010年，全国少先队基层组织建设和基层工作试点工作中，数十个中学少先队试点单位扎实推进中学少先队试点工作，取得了很有价值的经验。

自2021年2月3日《中共中央关于全面加强新时代少先队工作的意见》发出，国内不少省份的中学少先队活动纷纷开展起来，不少中学生佩戴上了红领巾，出现了令人欣喜的局面。

四、体现中学少先队特点，有针对性地做好中学少先队工作

（一）中学少先队工作的特点与着力点

中学少先队既是小学少先队的继续，负有巩固小学少先队教育成果的任务，又有不同于小学少先队的特点与任务要求。队员跨进中学大门后，步入了一个新的阶段，融入了一个新的集体，身心发展也开始进入青春发育期。生理上的急剧变化导致中学生的心理特征发生变化。从心理发展阶段上看，中学生正处于认知思维和道德行为发展的关键阶段，他们的自我意识异常丰富而强烈，情绪体验深刻且多变，他们的独立和批判意识强烈，不迷信权威，做事不盲从，加上初中集体关系和学习性质、学习内容与小学阶段有了明显的不同，初中生的身心发展具有鲜明的阶段特点。

中学少先队组织建设与组织教育此时有着不同于小学阶段的迎新、创建队集体、团前教育、青春期教育、推优入团、离

队等特殊的工作要求与内容。

在中学少先队工作中必须注意"三个衔接"：少年儿童期与青年期的衔接；小学与中学的衔接；少先队组织与共青团组织的衔接。这"三个衔接"，少年儿童期与青年期的衔接是中学少先队工作和团队组织建设与组织教育衔接的依据和基础。

（二）按照大少年特点，做好中学少先队工作

中学少先队是少先队的一个特殊阶段。开展中学少先队工作，必须适应初中队员的生理心理发展的特点，遵循教育规律，坚持按照大少年特点开展青春期教育，少先队活动要体现少年化的特点，强调教育的针对性、适用性和有效性，切实做好中学少先队工作。

（三）体现中学少先队特殊任务，全面实现少先队组织根本任务

中学少先队一方面要严格执行《中国少年先锋队章程》，完善中学少先队组织建设，开展少先队教育活动，坚持让中学少先队员体验完队龄期的全部少先队生活，让少先队生活在他们心中留下完整的印记。另一方面，要切实做好中学少先队的特别任务——团队衔接教育、团前教育、离队教育、推荐优秀少先队员作团的发展对象等工作，全面实现少先队组织的根本任务。

第二节　中学少先队组织建设的任务

一、做好中、小学少先队工作的衔接

（一）中、小学少先队工作之间的衔接

1.少先队组织教育与组织建设的衔接。

中学少先队可以通过组织开展迎新仪式、组建队集体、开展团前教育、推优入团等活动，妥善做好组织教育与组织建设的中小学衔接。具体要做到：

（1）组织关系的衔接：初一新生进校报到后，重新填写少先队员登记表。大队部将新生重新编队，组成各中队，再由各中队民主选举队干部，产生小队，建立新的队集体。

（2）组织教育的衔接：以"小号红领巾换大号红领巾"的换巾仪式为载体，以新生训练营为抓手，帮助刚离开小学的少先队员迈好成为一名合格的中学生和中学少先队员的第一步。采取建队仪式、"自我介绍主题队会"、校史（队史）介绍、参观校园、文娱联欢等爱校、爱队、爱集体的活动，为开学后少先队集体的建设做好思想上、组织上的准备。

（3）组织活动的衔接：活动是少先队教育的基本途径，中学少先队要按照队员青少年期的年龄特点及其成长发展规律开展组织活动。要组织好以队员为主体开展的自主性集体活动，特别是队员进入中学后的几个"第一次"活动，如第一次参加升旗仪式、第一个主题队会、第一次庆祝国庆节等。在活动中努力增强组织的凝聚力、吸引力，加强队员的组织观念。在这种日常活动中强化集体的凝聚力，体现少先队组织活动的优越性。

2.队员学习生活的衔接。

小学阶段的少先队工作更多的是看到学生的率真个性和天真无邪。可随着年龄的增长，步入中学，学生感到了一种"心理落差"。这一时期相对小学来说，少先队员的自主性更强，参与性更大，知识性更丰富，逻辑性更周密。学习任务的增加使得他们没有太多的精力去关注少先队活动，和小学相比，初中生学习活动的性质和内容有很大不同，不仅要求队员的学习方法相应改变，还要求队员在学习上具有很大的独立性、自觉性。通过开展"寻找最佳学习方法""学习方法经验介绍"等活动，培养少先队员的学习兴趣，激发他们适应中学学习生活的积极性，培养他们的创新精神和实践能力。

3.团、队工作的衔接。

中学少先队组织要认真做好团前教育工作，通过团课讲座等团前教育使得队员了解自己身份的变化，通过团队活动室实践等方式帮助队员了解共青团组织，使少先队和共青团之间的组织教育得到衔接。

（二）举行迎接初一新队员的仪式

中学少先队担负着巩固发展小学少先队教育成果，完成好少年向青年过渡，为共青团组织的发展打下良好基础的重要任务。举行迎接初一新队员仪式有助于少先队员尽快熟悉新环境、适应新环境，对队员的成长很有必要。通过开展"第二起跑线"——新生夏令营、填写队员登记表、"小号红领巾换大号红领巾"的换巾仪式、民主选举队干部、组建队集体、团前教育等组织工作，来妥善做好组织教育上的中小学衔接，让队员找到组织的归属感，使队员能用小学的生活经验和视野来观察和熟悉中学少先队的生活。通过初中正式开学前"成长营"活动让队员熟悉新环境，熟悉新朋友，为开学后的各项工作正常开展奠定良好的基础，同时，由于"成长营"的气氛活泼轻松，可以缓解队员对新环境的紧张心理，营造良好的氛围，使得队员对中学生活产生美好的向往。

（三）开展"迈好中学第一步"活动

1.指导、帮助组建好少先队各级组织。组建少先队组织是开展好少先队工作的第一步。初中生进入校园后，要及时指导和帮助组建形成少先队各级组织，通过民主选举尽快确定队组织开展工作的核心力量。此项工作完成后，应及时开展"小号红领巾换大号红领巾"的换巾仪式，给小队、中队起名称的"我队我秀"活动，通过组织开展丰富多彩的少先队集体活动，让队员尽快适应自己身份的变化。此时还应及时地建立健全少先队的各项活动制度和工作制度，通过制度为少先队工作的开展保驾护航。

2.配合学校各有关部门对队员进行《中学生守则》《中学日常行为规范》《中小学生礼仪常规》教育，如开展"牵手规范"活动，为学生不断提高明辨是非的能力、增强遵守社会公德的自觉性，逐步为养成良好的行为习惯打下坚实基础。

3.做好团、队工作的衔接。少先队员对能参加团的组织充满渴望，因此，还可以组织高年级的优秀团队和初一新队员结成互助团队，开展"大手拉小手""团队共育新人"等活动，帮助新队员确立更高的人生目标，适应自己身份的变化。

二、做好少年期与青年期的衔接

（一）开展青春期教育活动

青春期是儿童向成人过渡的中间阶段，有人把它称为"人生历程的十字路口"，青春期少年既与儿童有别，又与成人不同。主要表现为：

1.青春期情绪发展多变。初中少先队员情感丰富，对周围的事物往往表现出明确的反应，或热情支持，或厌恶拒绝，或欢乐，或忧伤。情绪忽高忽低，忽冷忽热，在受到批评时更是经常产生强烈的情绪反应。

2.个性增强，独立意识发展较快。喜欢独立思考，喜欢自行思考、探索与尝试，并对事物有自己的观点和态度。由于生理的快速发展，初中生产生了"成人感"，在行为上主要表现为追求独立自主，不愿意家长再把自己看作小孩子事无巨细地照顾和过问，更不喜欢家长干预自己的选择和行为，甚至产生想摆脱家长监控的叛逆心理。随着初中生的思维发展，他们的评价能力有了很大提高，但他们的自我评价还不够全面，往往过高或过低地评价自己，形成盲目的自尊或自卑。

3.性意识萌发：处于青春期发育的少先队员，开始对两性关系有朦胧的认识，开始由对同性的好感转为对异性的好感，这是一种正常的心理变化。

青春期教育的难点在于如何教会少先队员与异性正确交往，教育重点在于普及青春期生理和心理卫生知识，引导少先队员树立远大理想，培养他们积极向上的心态。

少先队组织可通过开展青春期知识讲座与知识竞赛等活

动，帮助少先队员正确认识自我，提高辨别是非的能力，学会正确与异性交往。

（二）开展"迈好青春第一步，争做优秀少先队员"活动

初中阶段是少先队员心理发展的关键期，是少年到青年的过渡阶段。身体的发育迅速，心理发展需求与现实发育水平之间的矛盾常常出现强烈冲突，致使他们表现出半成熟、半幼稚的过渡性特点。

中学少先队组织应通过开展"迈好青春第一步，争做优秀少先队员"的主题系列活动，更好地帮助少先队员塑造健全的性格和坚强的意志，培养自尊心、自信心以及积极的情感，促使少先队员进一步挖掘潜能，纠正心理缺陷，确保个体化和社会化协调平衡发展，从而迈好青春第一步。

活动1：认识青春期——引导少先队员了解青春期知识，学会与异性交往。

活动2：体验社会我能行——让队员体验面对工作时的心情和责任、工作过程中的辛劳和情感、工作完成后的情绪和收获，获得服务他人、服务社会、实现价值的真实感受。

活动3：青春之美——让少先队员感受青春美，理解青春美，丰富青春美。

活动4：我为青春添光彩——引导少先队员珍惜青春，勤奋学习，积极参加实践，努力为他人、为集体服务。

活动5："放飞理想，拥抱青春"——14岁青春奠基仪式。

通过青春的色彩、青春的祝福、青春的感言、青春的畅想、青春的寄语、青春的呼唤、青春的誓言等，让队员明白青春的含义，树立远大的青春理想，制定切合实际的青春目标。

以上五个活动贯穿了迎接青春—探究青春—体验青春—珍惜青春这条主线，让队员在心田里播下理想和责任的种子，为实现自己的理想而努力奋斗！

三、做好共青团与少先队组织的衔接

（一）开展"团、队携手共育新人"活动

"团、队携手共育新人"旨在突出团组织在培养和教育少先队员健康成长的过程中充分发挥组织优势，使优秀少先队员得以及时选拔和推荐，要采取高年级团员、青年教工党员、青年教工团员到初中少先队组织中担任辅导员等方式，充分利用各种社会资源，帮助少先队组织发现和培养优秀"苗子"，切实搞好建团工作。要充分利用"中学生团校"这一阵地，让申请入团的队员在"中学生团校"里学习掌握共青团的基础知识，认清自身的责任和未来努力的目标，使得自己在思想和行动上不断走向完善和成熟。对于经过培养和教育，符合入团条件的优秀少先队员，团组织要及时予以发展。

"团、队携手共育新人"活动形式主要分为两种：

1.通过团校的形式开展，在团校内引入团、队知识的学习，让队员了解共青团的知识和文化，参与共青团的活动，通过聘请优秀团员和教师团员作为授课的老师，介绍共青团知识和入团的意义，帮助队员确立更高的人生目标和追求。

2.通过和高年级团支部建立联谊开展活动，大手拉小手，让高年级团员通过活动帮队员了解共青团的特色和性质，从而携手共育新人。

（二）拓展中学少先队社团

少先队社团对于队员的成长发展起着重要的促进作用。初

中生的身心发展比较成熟，应充分发挥队员的主体作用，在建好传统的中、小队组织的基础上，鼓励队员发挥积极主动性，依据自身需求，自愿创建多样的少先队社团组织。

1.中学少先队的社团组织，要大力建立各种发展中学少先队员全面素质的兴趣类的社团，如学习社、文学社、读书社等学习型社团，健身社、足球俱乐部、篮球协会、乒乓球协会等运动型社团，合唱团、话剧社等艺术型社团，电脑联盟、发明创造协会等创造型社团，绿色环保小队、志愿服务协会等服务型社团。

2.重点应根据新课程改革的需要及国家"双减"政策的实施，引导队员建立多种研究性社团组织和课题研究小组，如少年科学院、金点子俱乐部、网虫家园、动漫俱乐部、挑战者科技创新协会、星空科幻社等，以及各种专题性的课题小组，如家乡非物质文化遗产调查课题小组、城市中学生理财状况课题小组等。

3.服务少先队员成长需求，组建多种少年成长小组，让队员在群体互动中共同成长，如各种队员的"网络联盟""网络小队"以及互动团队。

4.特别倡导针对初中少年参与性的特点，成立各种形式的志愿服务、社会实践的团队，如春晖爱心社、自行车修理组、武术爱好者联盟、敬老服务队、绿色环境保护协会等，开展丰富多彩的志愿服务和社会实践活动。

（三）中学生团校建设

1.中学生团校的建设。

中学生团校是对初中少先队员进行党、团、队相衔接的教育、进行思想政治和共青团的基本知识教育的重要阵地，是做好中学少先队工作、开展团前教育、加强团员发展工作的重要基地，是学校德育工作的重要组成部分。

中学生团校一般由中学团委与大队委员会联合建立，接受学校行政的指导和帮助。

中学生团校设立校务委员会，团校校长由学校团委书记担任，并聘请学校党支部书记担任名誉校长。

中学生团校可设团前教育班、团员轮训班、团干培训班，分批对不同层次的团校学员进行培训，并保证一定课时量。

中学生团校所需经费可从团费中开支。同时学校团委要根据实际情况，向学校申请部分经费，学员也可自付部分教材费。

2.中学生团校的学习与内容。

（1）共青团的基础知识教育：主要开展团的历史、团的性质和任务、团的纪律及组织原则、共青团的优良传统教育，目的是增强少先队员对于共青团的认识和了解，激发他们产生对共青团的热爱和向往之情，为入团做好思想准备和知识储备。

（2）团的思想政治教育：进行爱国主义、集体主义、社会主义核心价值观教育，引导青少年树立正确的思想政治观念和远大的理想信念，树立把个人成长与国家建设紧密接合的信念，成长为有理想、有志向、能担当民族复兴伟大重任的时代新人。

（3）形势政策教育：结合国内外形势和重大事件，合理选择时机开展形势政策教育，引导中学生树立正确的政治立场和观点，提高判断是非的能力，使自己的思想观点与党中央的路线、方针、政策和重大战略部署保持一致。

（4）社会实践活动：围绕团校的学习内容，开展以参加访问、社会调查、志愿者服务为主的实践教育活动，在实践中了解国情，经受锻炼，加深对所学共青团知识的理解，增强责任感和适应社会的能力。

（四）推荐优秀少先队员作共青团的发展对象与"推优入团"程序

1.推荐优秀少先队员作共青团的发展对象。

推荐优秀少先队员作共青团的发展对象应履行以下手续：少年团校进行团的基本知识教育（团前教育）；少先队员提出入团申请；少先队中队委员会根据申请入团队员的情况，提出推荐对象，指导被推荐对象填写《优秀少先队员入团推荐表》，由中队长签署中队委员会意见，并经中队辅导员签署意见；报大队委员会审核，同意后，由大队长签署大队委员会意见；经大队辅导员签署意见后，进行培养教育；条件成熟时，报学校团组织，学校团组织指定两名团员作为培养联系人对申请人进行培养教育；认为申请人基本符合团员条件时，团组织召开支委会确定申请人为团的发展对象。

2."推优入团"的"推荐"程序。

推荐共分为四个步骤：小队争优、中队荐优、大队推优和团校育优。

3."入团"程序和步骤。

具备了入团条件（年龄在14周岁以上、28周岁以下的中国青年，承认团的章程，愿意参加团的一个组织并在其中积极工作、执行团的决议和按期交纳团费的，可以申请加入中国共产主义青年团）[①]的青年，入团要履行严格的程序：

（1）要求入团的少先队员要向团支部提出申请。队员在申请入团的过程中，要将自己的思想和工作体会及时向团组织反映；

（2）填写入团志愿书，由两名团员作入团介绍人；

（3）介绍人要认真负责地向被介绍人说明《中国共产主义青年团章程》，向团组织说明被介绍人的思想和经历；

（4）经支部委员会审查，提交支部大会讨论通过；

（5）报上级团委批准。上级团委批准后，申请入团的青年正式成为共青团员。入团时间从支部大会讨论通过之日算起。

（五）搞好中学少先队员离队教育

《中国少年先锋队章程》（中国少年先锋队第八次全国代表大会2020年7月24日通过）规定：超过14周岁的队员应该离队，由大队举行离队仪式。

1.离队仪式既可以专门进行，也可以与新团员入团仪式同时进行，还可以作为一项内容与团队的其他活动合并进行。

2.离队仪式的时间，以少先队的建队日、五四青年节或六一国际儿童节为宜。

3.离队仪式的主题要结合本校特点。

4.离队仪式前，每个少先队员填写"离队申请"，小结自己在少先队生活中的收获，谈谈自己的理想与目标。

5.拟一份"珍藏红领巾、队徽，珍藏《'红领巾奖章'争章手册》"倡议书，号召每位队员将自己的红领巾、队徽、

[①] 共青团中央办公厅：《中国共产主义青年团发展团员工作细则》（中青办发〔2016〕11号），https://www.gqt.org.cn/documents/zqbf/201611/P020161118415338570736.pdf，访问日期：2022年7月。

《"红领巾奖章"争章手册》收好，珍惜自己取得的荣誉，激励自己向更高的目标迈进。将红领巾、队徽、《"红领巾奖章"争章手册》作为永久的纪念。

6.离队仪式后要引导队员正确、认真地填好离队纪念卡、离队证书，并放进自己的成长记录袋。同时可引导队员为少先队和母校做一件公益事情或留赠礼物，并留言给学弟学妹，激励队员增强少先队的光荣感、责任感，激励他们用实际行动为少先队组织争光，认真参加"铭记少先队教诲，走好我们人生路"主题中队会。时刻牢记"一日加入少先队，终生都是少先队"。

四、中学少先队组织建设的创新

从20世纪90年代以来，上海、江苏扬州等地积极开展"初中团、队一体化"建设的试验，拓宽了中学少先队的组织建设，活跃了中学少先队生活，实践证明这是一条振兴中学少先队的创新之路。"初中团、队一体化"建设，通过构建"初中少先队员全员、全程一体化""团、队组织建设一体化""团、队教育活动一体化""团、队领导一体化""校、队工作一体化"，打造独立而又相辅相成的有机整体，形成团、队工作有效衔接的教育合力，构建出符合时代发展特点的"以团带队、团队共兴"的工作新格局。

第五章

少先队组织礼仪建设

第一节　少先队组织礼仪

一、少先队组织礼仪是少先队组织文化的重要体现

少先队的组织礼仪，是指用穿队服、佩戴红领巾与队长标志、队列、出队旗、奏鼓号、敬队礼、三级报告、呼号、宣誓、唱队歌等少先队特有的礼仪，以及用这些礼仪综合组成的各种仪式。少先队组织礼仪是少先队组织文化的重要体现，是少先队教育的重要载体，包含着丰富而生动形象的教育元素。高亢激昂的队歌和鼓乐、随风高高飘扬的队旗、鲜艳的红领巾、整齐的队伍、五指并拢高举过头的队礼和洪亮坚定的呼号等，无一不诠释和传递着庄严肃穆、高尚纯洁以及促人奋进的力量。随着时代的发展和少先队工作的推进，少先队组织仪式教育越来越受到少先队工作者和教育者的关注。学习礼仪、规范礼仪、利用适当契机组织开展好少先队礼仪活动，成为各级辅导员的一项重要任务。

二、少先队组织礼仪的种类

广义的少先队组织礼仪，包括少先队的标志、礼节、仪式等少先队文化特有的表现方式。

狭义的少先队组织礼仪，专指少先队的仪式。一般常见的仪式活动有新队员入队仪式、建队仪式、选举仪式、辅导员受聘仪式、队会仪式、重大节日纪念日集会仪式、少先队主题活动仪式、升旗仪式、检阅式、夏（冬）令营开营式和闭营式。

第二节　少先队组织礼仪建设

一、少先队仪仗队

　　威武雄壮的仪仗队是少先队组织风采的集中展示，一般在队的重大主题活动，如检阅式、迎宾式时使用。

　　仪仗队有两种，一是指供检阅用的仪仗队，二是指由鼓号队、花队、气球队、花环队、腰鼓队、乐队等组成的综合仪仗队伍。仪仗队一般由身高一致、身材标准、容貌端正、男女同等数量的队员组成，人数可在20—60人之间。仪仗队要着队服，有条件的可制作专门的礼仪服装。队形一般在接受检阅时为两排，执旗手和护旗手位于排头。指挥静止时的位置在旗手的左侧，行进时在旗手的前方。仪仗队在接受检阅前要先整理队伍，由指挥发出"立正"口令，然后向最高职务的领导报告："中国少年先锋队×××大队仪仗队整队完毕，请您检阅。"检阅者在学校领导和辅导员的陪同下由队伍前方走过时，仪仗队要肃立、行队礼，并目视检阅者的行进。仪仗队在行进间接受检阅时，可成两路纵队，在指挥、旗手、护旗手的前

导下，经过主席台或检阅者面前，并呼口号。行进间，指挥、护旗手要行队礼，经过主席台时，全体仪仗队队员脸与目光要转向主席台一面。[①]

二、少先队鼓号队

（一）组建少先队鼓号队

组建鼓号队，辅导员必须制订详细的组建计划，按照商定的组建规模招收鼓号队队员，落实活动训练地点及时间等。具体步骤有：商定组建鼓号队的人员编制（规模），购买鼓、号、镲等器材；招收队员；按队员特点编组分队；制定训练规章；制订训练计划，落实训练时间和场地等。

鼓号队乐器各声部的合理配比是：1面大鼓，1副大镲，2副小镲，2面小鼓，2把号。

大型鼓号队编制是：总数66人，其中指挥1人，副指挥（预备指挥）1人，大鼓8面，大镲8副，小镲4副，小鼓16面，号28把。

中型鼓号队编制是大型鼓号队编制的二分之一，小型鼓号队编制是中型鼓号队编制的二分之一。

（二）使用少先队鼓号队

少先队鼓号队是少先队的礼仪队伍。少先队鼓号曲是少先队的礼仪乐曲，是神圣、庄重的少先队文化的象征。在少先队集会、大中队活动时，少先队鼓号队应按队活动的仪式要求，演奏鼓号曲；在欢迎与欢送英雄模范、参加重大活动仪仗、纪念重大节日庆典时，也可演奏少先队鼓号曲。全国少工委多次

---

① 徐刚：《少先队活动中应注意的礼仪》，《辅导员》2004年第C1期。

明文规定，少先队鼓号队及其图案不得用于商标、商业广告以及商业活动，也不能用于民俗活动。

（三）少先队鼓号曲谱

少先队鼓号曲谱先后有两组。第一组由集合号、出旗曲、升旗曲、行进曲、退旗曲、欢迎曲等组成。第二组是在吸收少先队建队70多年来的鼓号曲谱的基础上重新创编的。乐谱分0套＋10套，0套为间奏鼓，第一套是开场曲，第二套是进行曲，第三套是出旗曲，第四套是退旗曲，第五套是颁奖曲，第六套是授巾曲，第七套是检阅曲，第八套是宣誓曲，第九套是迎宾曲，第十套是欢送曲。每套曲均为16小节。

中国少年先锋队鼓号队总谱

光锐、仁杰、郑路、陈腐作曲

零套间奏鼓

0

1 = ♭B 2/4 庄严地、富有朝气地 ♩ = 116—120

大队鼓大镲	‖: X X	X X	X X 0	X 0 :‖
小镲	‖: 0 X♦ 0 X♦	0 X♦ 0 X♦	0 X♦ X X♦	0 (X♦)* :‖
小队鼓	‖: X XXX X XXX	X XXX X XXX	X X XXXX	X 0 (XXXX):‖

手型　右 右左 右 右左　右 右左 右 右左　右 右 左　右左右左　右　　右左右左

注：小括号内的音符表示与另一套连接演奏时的过渡音，如零套结束，可在反复后的第7拍停止。
小括号内音符不演奏。

第一套 开场曲

1

小号	‖: í í 5 | í 5 í | 3 3 í | 3 í 3 | 5 55 35
大队鼓大镲	‖: X X | X 0 | X X | X 0 | X X
小镲	‖: 0 X♦ 0 X♦ | 0 X X X♦ | 0 X♦ 0 X♦ | 0 X X X♦ | 0 X♦ 0 X♦
小队鼓	‖: X XXX X XXX | X XXX X XXX | X XXX X XXX | X XXX X XXX | X XXX X XXX

手型　右 右左 右 右左　右 右左 右 右左　右 右左 右 右左　右 右左 右 右左　右 右左 右 右左

		1.			2.		
3 í 3	5. í 3	- :‖	5. 5 í	- ‖
X X	X X	X 0 :‖	X X 0	X 0 ‖
0 X♦ 0 X♦	0 X♦ 0 X♦	0 X X♦ :‖	0 X X♦ 0	(X♦) ‖
X XXX X XXX	X XXX X XXX	X X XXXX :‖	X X XXXX	X 0 (XXXX) ‖

手型　右 右左 右 右左　右 右左 右 右左　右 右 左　右 双　右左右左　右　　右左右左

第二套 进 行 曲

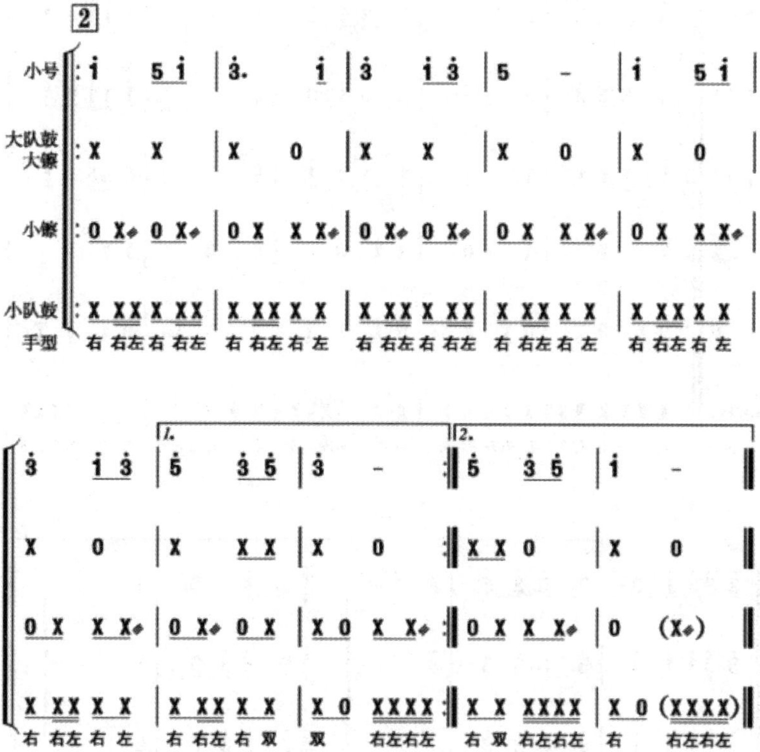
2
小号
大队鼓
大镲
小镲
小队鼓
手型
右 右左 右 右左 右 右左 右 左 右 右左 右 右左 右 右左 右 左 右 右左 右 左
1.
2.
右 右左 右 左 右 右左 右 双 双 右左右左 右 双 右左右左 右 右左右左

第三套 出 旗 曲

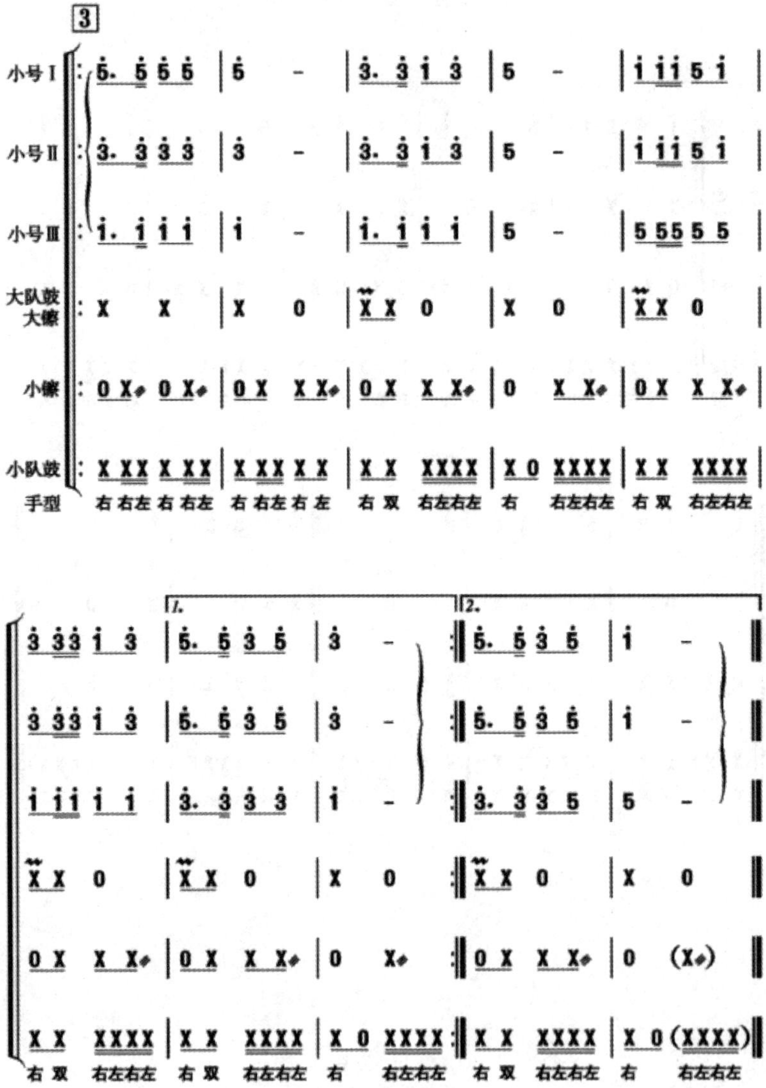
3
小号Ⅰ
小号Ⅱ
小号Ⅲ
大队鼓
大镲
小镲
小队鼓
手型
右右左 右右左 右右左 右左 右双 右左右左 右 右左右左 右双 右左右左
右双 右左右左 右双 右左右左 右 右左右左 右双 右左右左 右 右左右左

第四套 退 旗 曲

小号

大队鼓
大镲

小镲

小队鼓
手型

压拉动作：小鼓双槌儿压鼓皮后，又拉开敲鼓圈。

I

II

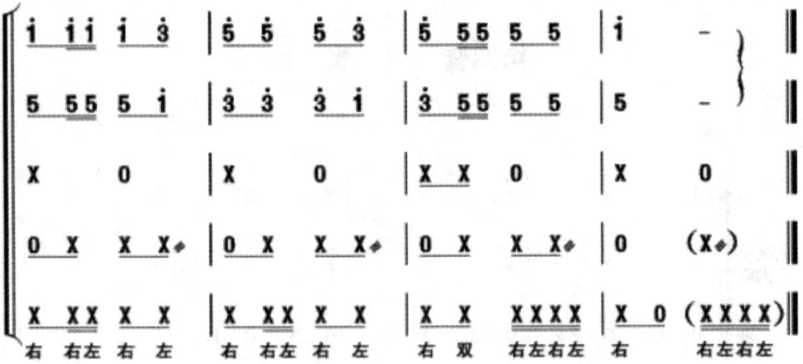

第五套 颁 奖 曲

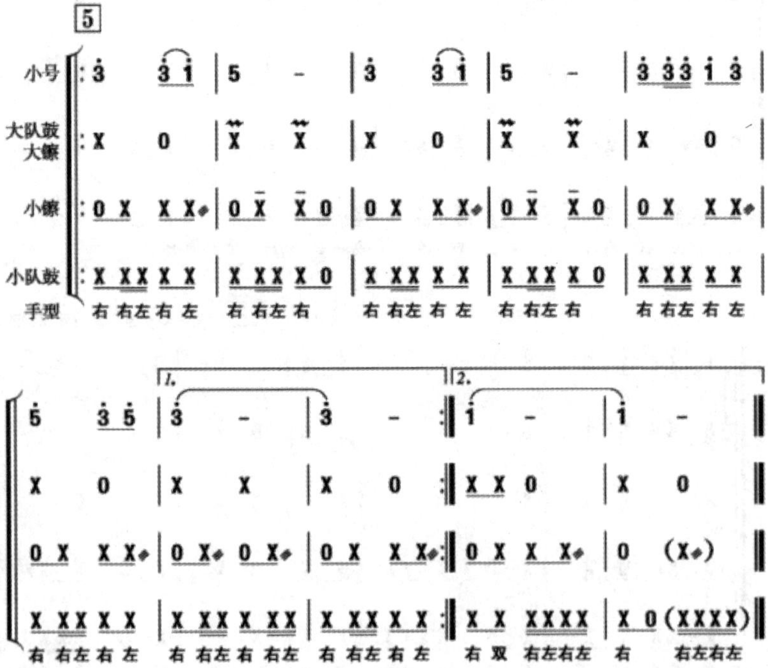

第六套 授 巾 曲

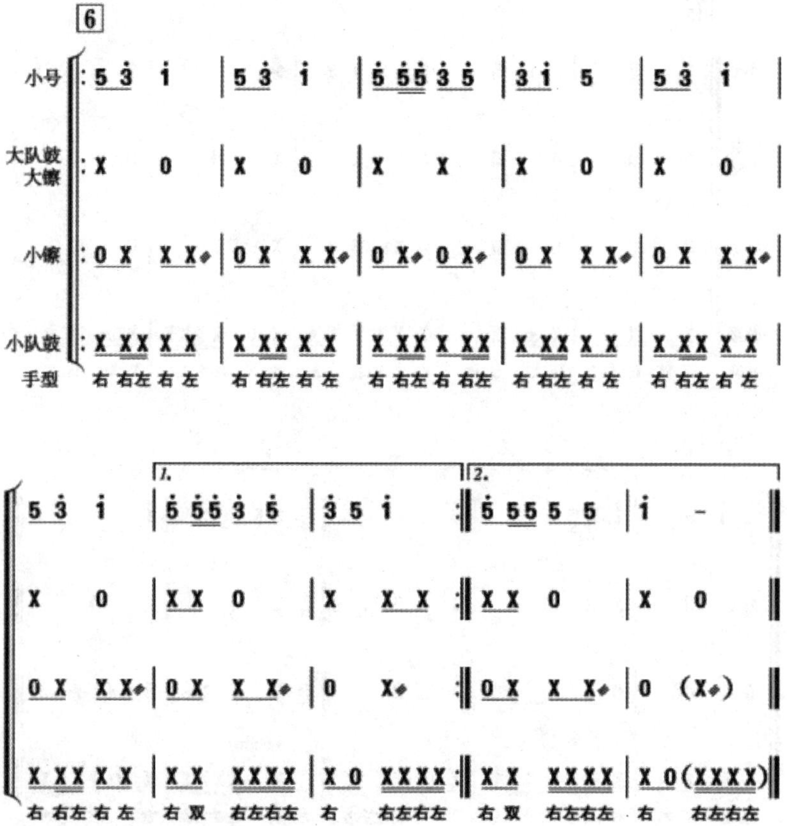
6
小号
大队鼓
大镲
小镲
小队鼓
手型
右 右左 右 左　右 右左 右 左　右 右左 右 右左　右 右左 右 左　右 右左 右 左
1.
2.
右 右左 右 左　右 双 右左右左　右 右左右左　右 双 右左右左　右 右左右左

第七套 检 阅 曲

第八套 宣 誓 曲

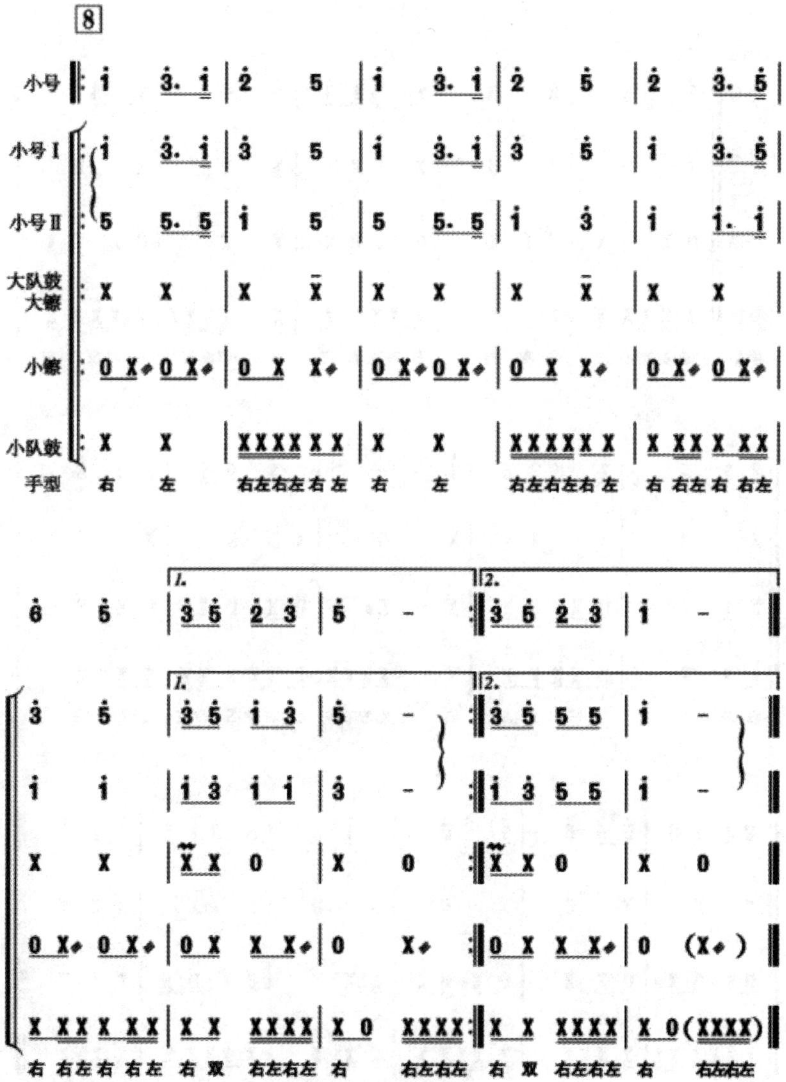

注：小号可奏第1行号曲，亦可分两个声部奏2至3行号曲。

第九套 迎宾曲

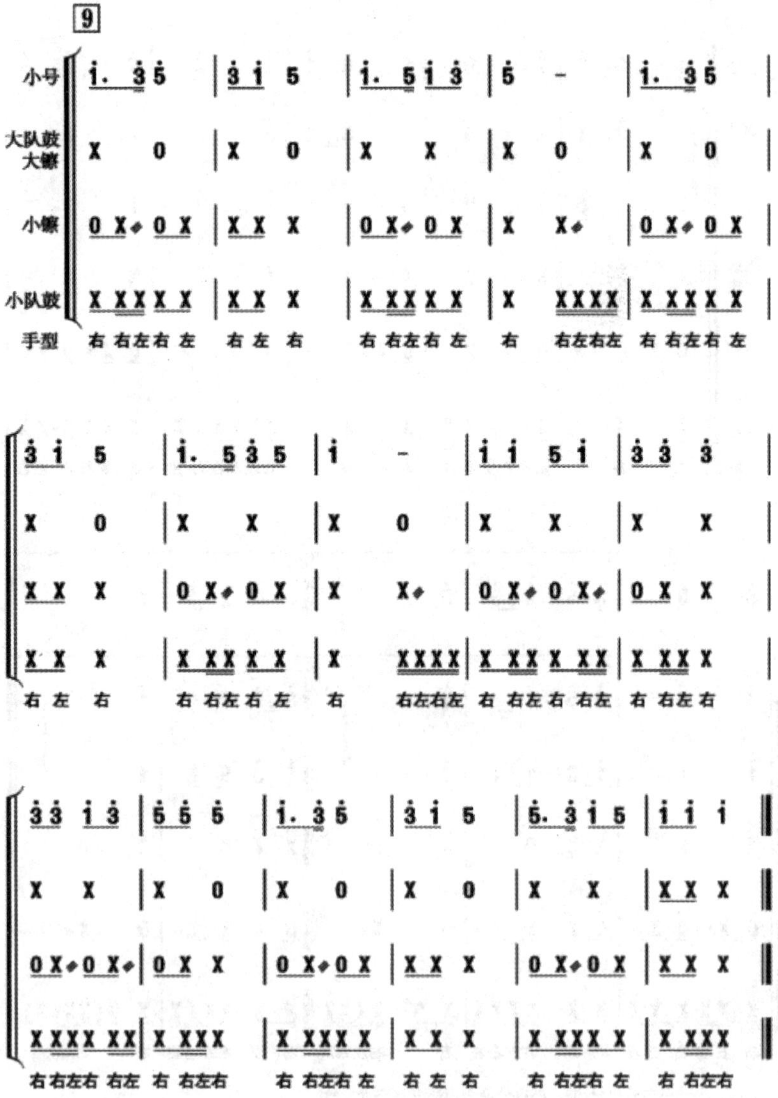

第十套 欢 送 曲

⑩

小号 | 5. 1 3 5 | 5.   3 | 5 1 3 1 | 5 - | 5. 1 3 5 |

大队鼓
大镲 | X 0 | X 0 | X X | X 0 | X 0 |

小镲 | 0 X X X♦ | 0 X X X♦ | 0 X 0 X♦ | 0 X X X♦ | 0 X X X♦ |

小队鼓 | X X X X | X   0 X X | X X X X | X   0 X X | X X X X |

手型 右 右 左 右 左 右   空 右 左 右 左 右 左 右   空 右 左 右 左 右 左

5.   3 | 5 1 3 1 | 1 - | 3. 3 1 3 | 5 5 5 |

X 0 | X X 0 | X 0 | X X | X 0 |

0 X X X♦ | 0 X X X♦ | 0   X♦ | 0 X 0 X♦ | 0 X X X♦ |

X   0 X X | X X X X | X   XXXX X X X X | X X X |

右   空 右 左 右 右 左 右 左 右   右 左 右 左 右 左 右 左   右 右 左 右

5. 5 3 1 | 5 5 5 | 3. 3 1 3 | 5 5 5 | 5. 5 3 5 | 1 1 1 ‖

X X | X 0 | X 0 | X 0 | X X 0 | X 0 ‖

0 X♦ 0 X♦ | 0 X X X♦ | 0 X X X♦ | 0 X X X♦ | 0 X X X♦ | X (X♦) ‖

X X X X | X X X | X X X X | X X X | X X XXXX | X 0(XXXX)‖

右 右 左 右 左 右 右 左 右   右 右 左 右 左 右 左 右 左   右 双 右 左 右 左 右   右 左 右 左

91

第三节　少先队组织礼仪的实施

一、少先队组织礼节

常见的少先队组织礼节主要包括以下几个方面：

1.敬队礼。

2.戴红领巾。

3.呼号。

4.唱队歌。

5.执队旗。

6.制作和使用队徽。

二、少先队组织仪式

（一）队前教育

队前教育是指少先队组织对未加入少先队的少年儿童开展的入队准备教育，目的是帮助他们了解队的知识，明确入队的意义。队前教育主要包括六知、六会、一做：

六知：

1.知道队的名称是中国少年先锋队，简称少先队，理解"先锋"的含义，了解先锋们的先锋业绩。

2.知道我们队的创立者和领导者是中国共产党。

3.知道队旗是五角星加火炬的红旗，了解它的含义。

4.知道少先队的队徽。

5.知道少先队的标志是红领巾，了解红领巾的意义，学会系红领巾，爱护红领巾。

6.知道少先队的作风是诚实、勇敢、活泼、团结。

六会：

1.会戴红领巾。

2.会敬队礼。

3.会呼号。

4.会唱队歌。

5.会背入队誓词。

6.会写入队申请书。

一做：为人民做一件好事。

入队，是每个儿童都向往的一件大事。抓好队前教育是少先队组织教育的一个重要环节。儿童有向上的愿望，积极要求入队，是一种可贵的优点，成人要珍视。队前教育方法，是把儿童共同向往的目标"准备参加少先队"向他们提出来，并围绕目标的实现开展一系列的教育。基本方法有以下几种：

1.选派"小辅导员"。队前教育由少先队大队部统一领导，由高年级中队具体帮助，同他们结成"友谊中队"，派"小辅导员"帮助开展活动，做好宣传工作，并帮助他们入队与建立中队。

2.队课教育。队课要上得生动活泼，辅导员要注意讲动结合，即把讲解同有趣的活动相结合，寓教育于活动之中；讲议结合，即把讲解同讨论结合，有针对性地解决问题；讲做结合，即把提高道德认识同改变日常行为结合起来，使他们能按《中国少年先锋队章程》中规定的队员条件来要求和约束自己，争做一名合格的少先队员。

3.观摩熏陶。组织队前儿童观摩高年级队会及各类仪式，参加高年级中队的活动，通过观察和参与帮助少年儿童产生对少先队组织的向往之情，激发其产生早日加入少先队的愿望。

4.家队结合。低年级儿童教育要注意动员家长密切配合，家校合作，共同来完成队前教育的任务。

5.做一件有纪念意义的事情。入队前或当天，组织新队员为少先队、学校或家乡做一件有纪念意义的事情，以留下永久的美好回忆。

（二）入队仪式

入队仪式由共青团组织代表或少先队大、中队长主持。仪式程序包括：

1.全体立正，出旗，鼓号齐奏，队员敬队礼，还没有加入少先队组织的儿童行注目礼。旗手、护旗手站立在队伍之前，面向少年儿童。

2.唱队歌。

3.大队委员会宣读组建一年级少先队组织的决定，宣布新队员名单。

4.授予队员红领巾，授予者（辅导员、大队委员或高年级队员）给新队员打上红领巾领结，相互敬礼。

5.新队员宣誓（少先队大队或中队长领读誓词，新队员跟着领读人逐句重复）。

6.为新建中队授中队旗。

7.为新建中队聘请中队辅导员。

8.共青团组织的代表或辅导员讲话（表达祝贺，并提出寄语、希望或要求）。

9.呼号（由大队辅导员或莅临嘉宾领呼，领呼时要面对队旗。全体队员举起右手同宣誓状，予以坚定洪亮的回答）。

10.退旗。

11.新队员入队仪式结束。

（三）建队仪式

新队员入队后，应及时地编入进其班级所在的中队组织。如果是小学新生刚入队，就需要及时建立新的中队与小队。经过大队部审核批准后，举行中队成立仪式。主要程序如下：

1.全体立正，仪式开始。

2.出队旗。

3.唱队歌。

4.大队委员会宣读初一年级中队成立决定。

5.为新建中队授中队旗。

6.为新建中队聘请中队辅导员。

7.重温入队誓词。

8.呼号。

9.退旗。

10.仪式结束。

（四）换巾仪式

小号红领巾换大号红领巾是少先队员成长过程中最重要的内容，它象征着一个新阶段的开始。少先队员们郑重地摘下胸前陪伴多年的小号红领巾，整齐折叠，小心翼翼放入口袋珍藏，然后接过中队辅导员手中的大号红领巾，怀着激动的心情把它轻轻系上，以此来告别曾经稚嫩的自己，同时也对自己提出更高的要求。换上大号红领巾，不仅带给少先队员成长感和自豪感，它还激励着队员们不断奋进，走向成熟，迎接新的挑战。它使每一位少先队员都时刻激励自己：继续砥砺前行，在这新的时代好好学习，天天向上，将来做祖国建设的栋梁，担当起民族复兴大任！

通过换巾仪式，广大少先队员可以感受到成长的力量、责任的担当、进步的意义。

1.活动时间。

换巾仪式举行的时间全国各地不均一，各地根据当地孩子发育情况而定。有的地区孩子发育成长快，有的地区孩子发育慢一些，各地区要视孩子发育的具体情况而在合适的时间举行。

一般而言，换巾仪式可在小学阶段的五、六年级举行，也有一些地区在初中一年级入学时举行。

换巾仪式既可在"六一""十·一三"或重大活动时举行，也可单独在新学期开学时举行。

2.活动目的。

通过换巾仪式让少先队员意识到自己身份和责任的变化，同时体现少先队组织教育的延续，让队员找到组织的归属感，增强队的光荣感和自己的责任感。

3.活动要求。

（1）保持整个换巾仪式的庄严。

（2）一切听口令（如解红领巾、系红领巾等）。

（3）队员精神饱满，喊口号、唱队歌时声音要响亮。

（4）按规范系好红领巾。

（5）主持人一般为中队长，也可以是其他队员。

（6）旗手3人。

（7）可适当加入表演节目。

4.活动流程。

（1）全体立正，汇报人数，仪式开始。

中队长下达口令：××中队全体起立，（面向中队辅导员互敬队礼）并报告："报告辅导员，本次活动应到××人，实到××人。报告完毕！"

大队辅导员："接受你的报告，预祝本次活动取得圆满成功！"

主持人宣布开始。

（2）出旗（鼓号齐奏，全体队员敬队礼）。

（3）唱队歌。

（4）主持人讲话。

（5）队员代表发言。

（6）解下小号红领巾。

要求：听好口令，按步骤统一完成。（第一步，翻领。第二步，解红领巾。第三步，取下。第四步，折叠成方块，右手托举。第五步，放入右口袋。）

（7）中队辅导员将大号红领巾传递给各位队员。

要求：中队辅导员站在队伍中间从前向后传递，队员接到大号红领巾后要将其用双手捧在手中。

（8）队员听口令系上大号红领巾。

要求：听好口令，按步骤统一完成系红领巾的步骤。

（9）重温入队誓词。

要求：声音响亮，精神饱满，举起右手。

（10）中队辅导员讲话。

（11）中队辅导员带领所有队员呼号。

要求：声音响亮，精神饱满，举起右手。

（12）退旗。

（13）仪式结束。

（五）队会仪式

少先队组织在重大的节日、纪念日组织集会或者举行大队、中队队会时都应该举行队会仪式。因此，队会仪式是少先队最为常见的组织仪式。队会仪式一般由预备部分和正式部分构成。

1.预备部分。

队伍集合整理完毕后，小队长要向中队长及时报告出席人数，然后由中队长向中队辅导员报告，大队长向大队辅导员报告。三级报告的具体流程如下：

（1）大队三级报告时，中队长（联合中队长）先向本中队（联合中队）队员发出"立正"口令，然后跑步到离大队长一米左右处立正、敬礼，待大队长还礼后，礼毕，报告词如下："报告大队长，××中队（联合中队）应到××人，实到××人。报告完毕！报告人：××中队（联合中队）队长×××。"大队长回答："接受你的报告！"报告人行告别礼，待大队长还礼后，礼毕，向后转，跑步到本中队（联合中队）前，发出"稍息"口令，再向后转，亦稍息。各中队（联合中队）依次进行。

（2）各中队（联合中队）报告完毕后，由大队长向大队辅导员报告，方法相同，报告词如下："报告大队辅导员，××活动，应到××人，实到××人，缺席××人。一切工作准备就绪，请允许我们开会，报告完毕！报告人：大队长

×××。"大队辅导员回答:"接受你的报告,允许你们开会,预祝队会圆满成功!"报告人行告别礼后,跑到队伍前发出"稍息"口令。①

(3)中队三级报告与大队三级报告方法相同。列队报告时必须声音响亮,要先立正敬礼,等上级还礼后再礼毕,报告前一定要认真检查自己的队伍是否准备就绪。

2.正式部分。

(1)全体立正。

(2)出旗(鼓号齐鸣,全体队员行队礼,注目队旗行进,礼毕)。

(3)唱队歌。

(4)队长讲话,宣布活动开始。

(5)进行活动。

(6)辅导员讲话。

(7)呼号。

(8)退旗。

(9)队会结束。②

---

① 卢淑泉:《新时代少先队工作教程》,北方妇女儿童出版社,2018。
② 卢淑泉:《新时代少先队工作教程》,北方妇女儿童出版社,2018。

（六）少先队队会的列队方式（如下图所示）

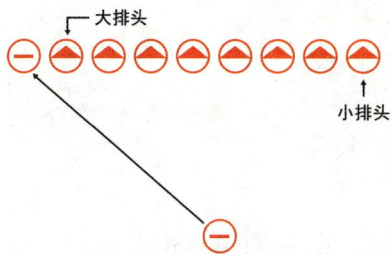

1. 小队一列横队

2. 小队一路纵队

3. 中队横队

4. 中队纵队

5. 中队活动仪式队形之 1——横队集合式

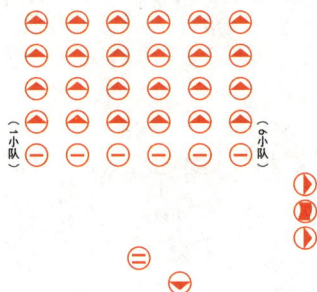

6. 中队活动仪式队形之 2——纵队集合式

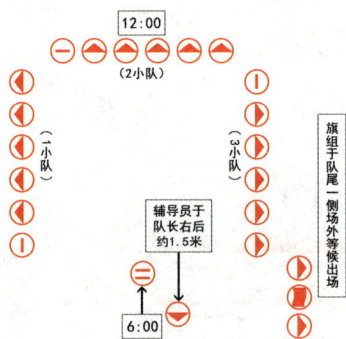

7. 中队活动仪式队形之 3——门形列队式

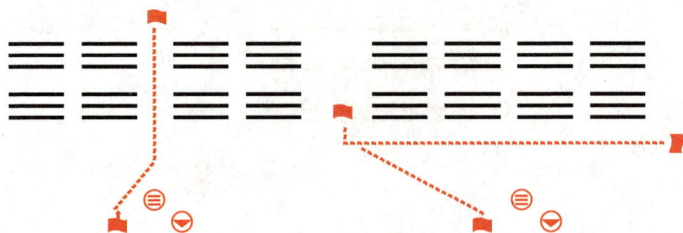

8. 大队活动仪式队形之 1——并列横队式

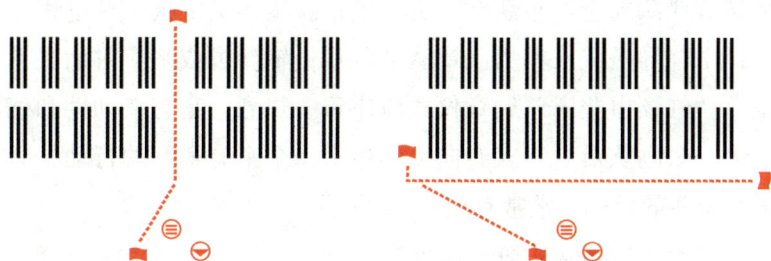

9. 大队活动仪式队形之 2——并列纵队式

10. 大队活动仪式队形之 3
——门形横队式

11. 大队活动仪式队形之 4
——门形纵队式

（七）"红领巾奖章"颁章仪式

全国少工委《"红领巾奖章"实施办法》指出，"红领巾奖章"争章活动包括定章、争章、考章和颁章四个步骤。"颁章"是指少先队组织向经过考评达到获章标准的队员颁发基础章的环节。

基础章应由少先队大队或中队颁发。"红领巾奖章"颁章仪式既可以集中举行，也可在考章结束后随时举行。颁章时应进行一定仪式，如出旗、唱队歌等。颁章仪式内容可以是由辅导员或队委会宣布获章队员名单；获章队员汇报争章过程体会；由辅导员或来宾为获章队员颁章；辅导员或来宾讲话提希望。"红领巾奖章"颁章仪式应庄重、热烈，富有鼓动性和感染力，激励队员"人人有向上的追求，个个有攀登的行动，天天有奋斗的目标，常常有成功的喜悦"。

（八）选举仪式的一般程序

《中国少年先锋队队章程》（中国少年先锋队第八次全国代表大会2020年7月24日通过）规定：小队长和中队、大队委员会都由队员选举产生。半年或一年选举一次，一般在新学年开学或少先队大队召开少代会时进行。举行庄严的选举仪式，让每名队员投上神圣的一票，通过民主选举产生少先队干部，是少先队集体生活中的一件大事。选举仪式主要程序如下：

1.公布大队（中队）干部候选人名单及选举要求。

2.候选人发表竞选演讲。

3.投票选举。

4.公布选举结果。

5.向当选队干部的队员颁发队干部标志。

6.新一届大队（中队）委员会代表发表就职演说，新一届大队（中队）委员会集体就职宣誓。

7.队员代表发表祝贺词。

（九）少先队干部就职仪式

少先队大队干部一学年换届一次；中队干部一学期换届一次，一般放在新学期开学后不久进行；少先队大队干部换届选举工作可在少代会举行时进行。少先队干部就职仪式的主要程序如下：

1.宣布任职决定（可由原大队委员会主任宣布，也可由大队辅导员宣布）。

2.新任队长戴标志（由学校领导、大队辅导员或原大队委员会成员给新任队长左臂戴上标志）。

3.队长就职宣誓（由共青团组织的代表或大队辅导员领读；队长们面对全体队员，举右手握拳在耳侧；领读人读一句，队长重复一句）。

4.队长就职演说（每人一分钟简要谈任期目标、工作打算、活动计划及决心和行动等）。

5.队员代表讲话（祝贺、提期望和要求）。

6.辅导员讲话。

附：

队长就职宣誓誓词

（供参考）

我是光荣的少先队队长，接受伙伴们的委托，担负队组织的重任。我在队旗下庄严宣誓：一条杠杠一份责任。一当火车头，所有事情我带头；二当孺子牛，勤劳服务不怕苦；三当好朋友，团结大家共奋进；四当智多星，出谋划策为集体；五当小火箭，自主自动永向前。做队员们信得过的好队长，把我们的大（中、小）队集体建成快乐、友爱、积极、向上的队集体。

宣誓人：×××

（十）少先队辅导员聘任仪式

少先队建立在学校里，中队建立在班级里，中队辅导员一般由班主任兼任。他们接受共青团组织的聘请，辅导少先队中队。聘任辅导员是一项十分严肃认真的工作，学校党、团组织要严格按照《中国少年先锋队章程》要求，履行聘请手续，同时还要举行授聘仪式。主要程序如下：

1.宣读中队辅导员聘任名单。

2.大队辅导员向中队辅导员颁授聘书。

3.少先队员代表致欢迎词。

4.举行队会，为中队辅导员戴红领巾。

5.辅导员上岗宣誓。

6.中队辅导员代表讲话。

授聘仪式可在全校性集合或升旗仪式后集体举行，也可到各中队里举行。仪式要热烈、隆重、简短，以激发中队辅导员的荣誉感和责任感。中队辅导员授聘仪式一般每学年举行一次。新建中队辅导员授聘仪式，可结合中队建队仪式进行。

附：

辅导员上岗宣誓誓词

（供参考）

我是中国少年先锋队辅导员，我在星星火炬旗帜下宣誓：我决心遵照党的教导，牢记团组织的委托，不辜负少先队员的期望，弘扬辅导员精神，履行辅导员职责，为培养中国特色社会主义事业的合格建设者和可靠接班人贡献出一切力量！

宣誓人：×××

（十一）少先队检阅式

少先队检阅式是对少先队员进行组织教育的大型主题活动。它借鉴军队检阅的形式，集中展示少先队员的精神面貌和少先队集体取得的成就，具有隆重热烈、庄重严肃的特点，可以振奋队员的精神，使队员们树立光荣感、责任感和使命感，显示出步调一致、天天向上的精神风貌。少先队检阅式一般安排在"六一"

或10月13日建队纪念日举行。方队可以是中队，也可以是根据主题组织的队伍，一般为统一的数列纵队形式，队旗前导，护旗手护卫，中队长打头。一般的顺序为：大队旗、大队长、队徽、呼号（横幅）、鼓号队、队旗队、花环队、腰鼓队、各主题方队……最后是彩旗队。少先队检阅式是以体育的编队、操练为基础的，加上少先队组织和思想教育的内容，具有特别的意义。

在检阅方队中，队员们可以拿着标语、图表、模型和实物等来反映少先队开展活动的成果。检阅时，可以选择2/4节拍、激昂雄壮的进行曲作为背景音乐，队员通过主席台时可以高呼一些口号，如"准备着，时刻准备着""好好学习，天天向上"等。少先队检阅式的程序如下：

1.各中队整队。

2.报告人数。

3.请示（大队长跑向主席台，向首长或领导报告：报告，中国少年先锋队×××大队集合完毕，请检阅！主要检阅人还礼后，检阅开始）。

4.全体立正，出旗（奏乐、敬礼）。

5.唱队歌。

6.分列式开始（各方队依次通过主席台。通过时可变正步走，同时面向主席台，高呼口号）。

7.领导及来宾讲话。

8.进行其他内容。

9.辅导员讲话。

10.呼号（由主要检阅人领呼）。

11.退旗（奏乐、敬礼）。

第四节 县级少工委的组织建设

一、县级少工委的性质与任务

县级少先队工作委员会是县级少先队工作的领导机构。

县级少工委的主要任务和职责是：在少代会闭会期间，负责贯彻执行少代会决议，组织完成少代会提出的各项工作任务，主持领导少先队的日常工作，对外代表少先队组织。具体说，要根据党对少年儿童工作的要求，提出每个时期少先队工作的任务，制订工作计划；负责组织发展和组织建设工作；倡导并指导开展各种形式的少先队活动；加强对少先队辅导员配备、聘任、培训、表彰工作的指导；组织和指导少先队的校外生活；指导少先队的理论研究；办好少先队的宣传阵地；与海外少年儿童组织交往等。

县级少工委由同级少先队代表大会选举产生。

二、召开县级少代会

（一）县级少代会的主要任务和内容

县级少代会的主要任务和内容是：认真总结自上届少代会以来本地少先队工作的开展情况及基本经验，按照党的要求和上级少工委的工作部署，从本地实际出发，谋划今后各个阶段的少先队工作重点及任务，做大会工作报告，通过工作报告的决议；选举产生新一届少工委领导机构；选举产生新一届少先队理事会；畅通少先队民主参与的渠道，做好红领巾提案工作；表彰少先队先进集体和先进个人等。

（二）少代会的筹备工作

召开县级少代会，要依照《中国少年先锋队章程》的规定，经少工委全委会的同意和同级党委的批准，因此，要在少工委全委会上通过召开少代会的决议，以团委、教育部门、少工委的名义联合向同级党委请示召开少代会。

为圆满举行少代会，少工委成立相应的工作筹备小组，进行会议的筹备工作。组织秘书组，负责大会代表的分配、登记造册，负责少工委委员的酝酿产生、少工委机构的构建，负责进行有关少先队先进集体和先进个人表彰的相关事宜，负责与相关领导部门的沟通等。文件宣传组，负责大会工作报告、大会领导讲话稿、大会决议，负责相关先进典型和少代会的宣传报道等。会议活动组，负责大会的开幕式、闭幕式、大会期间的相关活动，负责少代会红领巾提案的征集与发布，负责红领巾理事会的竞选与成立。会务后勤组，负责大会代表的食宿、大会会场、活动场地的安排，做好大会相关物质材料的准备，做好大会的经费预算等。各小组各司其职，分工合作，少代会一定能取得圆满成功。

三、组建县级少工委

县级少先队代表大会选举产生县级少工委。

县级少工委主任一般由共青团委分管书记、教育部门分管局长担任，副主任一般由共青团委少年部部长、教育部门基层教育部门的负责同志和少先队总辅导员担任。

《中国少年先锋队章程》（中国少年先锋队第八次全国代表大会2020年7月24日通过）规定："全国、地方各级和学校少先队工作委员会，是全国、地方和学校少先队经常性工作的领导机构，由同级少先队代表大会选举产生。全国代表大会原则上每五年召开一次。"地方少先队代表大会的召开年限一般与同级共青团代表大会的年限相同。

四、召开少工委全委会

少工委全委会一般每年召开一次，由少工委主任、副主任召集主持。会议的主要任务是：学习贯彻团委、教育部门对少先队工作的意见和要求，听取少工委的年度工作报告，确定下一年度的工作要点，通过少工委组成人员的卸职递补。少工委还可结合少工委全委会、少先队先进集体、少先队工作优秀项目进行表彰。

五、少工委委员卸职递补

少工委实行团体委员制，由团体（单位）派出代表组成。少工委委员因工作等原因，不再从事少先队工作，应卸去少工委委员职务，由原派出团体（单位）负责少先队工作的领导同志接任少工委委员。少工委委员卸职递补工作一般在少工委全委会进行，须全委会通过少工委委员卸职递补案。

第五节　县级少工委的管理

一、县级少工委的"十有"建设

少工委是同级少先队工作的领导机构，是少先队工作领导体系中的重要环节。少工委的组织建设，直接影响着其所领导地区少先队工作的开展。搞好县级少工委建设，要抓好"十有建设"。

（一）有系统的领导机构

要建立健全本地少先队工作机构——少工委，设立少工委办公室，形成省—市—县—乡（镇）少工委的系统领导机构。少工委要保证有专门工作人员工作。

（二）要有配套的政策

努力争取有关部门制定本地区加强少先队工作的政策，积极落实团中央、教育部、人社部、全国少工委有关少先队工作部门建设的规定，努力争取有关部门制定加强少先队工作及落实辅导员责、权、利等问题的配套政策等。

（三）有素质优良的工作队伍

要建立一支素质优良的少先队工作队伍，除了专门的工作人员外，这支队伍一般由校内辅导员队伍和志愿辅导员队伍构成。这就需要做好各级、各类辅导员的选聘和培训工作。

（四）有较稳定的经费来源

要努力争取专项经费，争取在财政和共青团、教育经费中解决固定的经费比例，同时开发多种渠道，通过整合运用社会资源解决经费不足的问题。

（五）有巩固的阵地

要创造条件建立培训阵地、宣传阵地、教育阵地和活动阵地；同时，要对阵地建设坚持"建、管、用"相结合。

（六）有地方特色的主题教育活动

要根据党的中心任务，从本地实际出发，有计划地开展具有时代性、地方特色、教育性、实践性、趣味性、自主性、针对性的、生动活泼的活动。在开展具有地方特色的主题教育活动的同时，也要经常性地开展大、中、小、队活动。

（七）要有较强的信息网络

形成畅通的信息渠道，逐步创办自己的信息载体；重视与新闻、广播、电视、出版、网络等大众传媒的联系；保证党、团组织和教育部门的要求精神迅速传达到每一位辅导员和队员，使本地的经验和典型得到宣传。

（八）有在本地产生较大影响的工作典型

各级少工委要在少先队工作的各个方面努力培养、善于发现，积极选树榜样，充分发挥榜样的示范和引领带动作用，推动全县少先队工作水平的提升。

（九）有工作制度和发展规划

贯彻落实习近平新时代中国特色社会主义思想和《中共中央关于全面加强新时代少先队工作的意见》，制定本地区少先队工作发展目标和具体实施规划。建立健全委员会制度，建立科学完善的工作流程和工作管理制度，建立检查及奖惩工作机制。

（十）有较完整的档案管理

对于上级文件、简报、有关刊物、工作资料、工作计划、总结、重要活动、少先队工作大事都应记载清楚，使少先队工作逐步向规范化、科学化方向发展。

二、县级少工委的建设评估

建立科学的评估体系是促进县级少工委建设的重要手段，评估体系主要包括：

（一）评估内容

对评估对象的机构建设、队伍建设、制度建设、基层建设和理论建设等方面进行综合、整体评估。

（二）评估目的

贯彻上级少工委要求精神，促进少工委规范化建设，激励达标创优。

（三）评估方法

评估采取自评和互评、复评相结合的方法。

1.由各县级少工委对照评估标准自评，每一年至两年进行一次，并按标准提出自行评定。自评的过程同时也是少工委自我总结、调整、提高的过程。

2.考评等次。由地（市）级少工委组织评估小组，在听取汇报、实地考察、征求各方面意见的基础上进行综合，开展合理、公正的互评和复评，确定该少工委的考评等次。

（四）评估标准

评估标准等次分为：先进、合格、不合格。

第六章

少先队干部的选拔与培训

第一节　少先队干部的选拔

少先队干部是少先队员的带头人，是少先队活动的直接组织者，其素质和能力直接决定了该队组织的工作开展状况，必须选拔好、培养好少先队干部队伍。选拔少先队干部时可依据以下五个原则开展工作：

一、队干部轮换的原则

做少先队干部是每个队员学习当家做主的最好机会，应该千方百计地创造条件，让所有队员都获得这一机会，接受锻炼。队干部的工作岗位是队员学习和锻炼各种能力、增长才干的好课堂。队干部轮换原则是指少先队干部任职期满后一般不再连任，由新推选的积极、优秀分子到队干部的岗位上学习锻炼、服务集体。

二、民主选举的原则

少先队干部的选拔必须遵循民主原则，让广大少先队员选举自己最信任、最满意的人代表自己行使权利。

民主选举既是选拔干部的一条基本原则，也是少先队员民主权利的充分体现。辅导员要十分尊重队员的民主权利，不应干涉或影响选举，要保证少先队员的民主权利得到正确运用。

三、全面考核的原则

少先队干部的素质直接影响队委会的工作和威信，选拔干部不能只看学习的好坏，要看多方面的表现和才能。要坚持全面考核的原则，力争把那些严于律己、团结同学、才思敏捷、有组织能力、有创新精神的队员选拔上来，还要注意被推选的干部学习成绩应在中上游。

四、考核思想择优的原则

少先队干部应德才兼备，因此除了全面考核外，还应重点考核其思想道德素质，要把那些思想好、愿意为大家服务、甘心吃苦、甘心为集体牺牲个人利益的好队员推选上来，这是做好少先队工作的重要条件和有力保证。

五、队委会成员结构应合理的原则

少先队的工作多种多样，队委会的成员就需要由各种性格、爱好和特长的队员组成。比如大队长应有较强的综合能力，组织委员应有较强的组织能力，宣传委员应有宣传号召和鼓动能力，学习委员应学习勤奋，文体委员应有文艺或体育方面的特长，等等。此外，队委会的成员还要考虑性别、年级等因素。也就是说，队委会的成员不能全是一个模式，搭配要合理得当。有各方面队员的代表性，才能充分发挥队委会的作用。

第二节　少先队干部应具备的条件和能力

一、少先队干部应具备的条件

（一）热心为大家服务

当少先队干部的目的不是"管人"，而是热心为他人服务。别人有困难时，队干部要主动帮忙。也许队干部正在做自己的事情，但是同学有困难需要帮助时，队干部应放下自己的事情帮助他人及时解决困难。

（二）有一定的工作能力

对于少先队组织交给的任务能够承担起来，能积极想办法把工作做好，而不是事事等待，徒挂虚名。

（三）办事公正

少先队干部在履行自己的职责时会遇到与队员的关系问题，当发现有的队员做得不对的时候要能够及时提出，不能因为怕影响与队员的关系而不予制止。另外，每个队员都有好朋友，在处理问题时要实事求是，平等对待，一视同仁。

（四）学习态度认真、遵守纪律

作为少先队干部，在学习成绩、遵守纪律上应该是表现比较好的，不用老师、家长操心，是队员们学习的榜样。这样才能得到大家的认可。

二、少先队干部必备的能力

少先队工作的效果很大程度上取决于少先队干部队伍的素

质。为更好地履行少先队工作职责，少先队干部应具备良好的观察能力、想象能力、评价能力、应变能力、运用信息能力、表达能力及创新能力等。

（一）观察能力

少先队干部应具备认真观察的能力，在少先队工作、学习和生活中应认真思考、细心观察，有意识地培养自己的观察习惯和思考观察的能力。

（二）想象能力

少先队的活动要想办得丰富多彩、生动新颖，很大程度上依靠少先队干部的想象能力。少先队干部要善于想象，敢想，会想。少先队干部的想象力对于工作的开展和个人的发展具有重要作用。

（三）评价能力

少先队的干部要从小锻炼自己的评价能力。评价能力能让少先队干部从许多可能的方案中选定一个合适的方案，也能让他们在客观、正确地评价活动效果的基础上总结经验，吸取教训，不断提升少先队工作能力。

（四）应变能力

少先队干部要处理不同的事情，面对不同的队员，尤其在紧急而之前又未曾遇到过的新事情面前，需要临场不乱、随机应变，这就需要他们具有机敏灵活的反应能力，遇事会举一反三、触类旁通。

（五）信息运用能力

少先队干部应具有吸收信息、辨别信息和利用、处理信息的能力，尤其是在当前的全媒体时代，对队干部的信息传递、吸收和利用能力提出了更大的挑战。

（六）表达能力

少先队干部要能写会说，具有良好的表达能力。开队会时，队长要讲话，就要力争用适宜的语句让讲话生动形象，有感染力和吸引力；在日常工作中，少先队干部要带头给队报、红领巾广播站写稿子，就需要用优美的文笔把稿子写得生动丰富，有说服力和影响力。

（七）创新能力

在掌握信息快、思维敏捷、行动迅速的基础上，少先队干部要具有一定的创新思维和能力，要创造出有时代特点、内容新颖、形式生动活泼、教育效果好的各种各样的活动方案。

第三节　少先队干部的竞选流程和级别标志

一、队干部的竞选流程

（一）提前动员，让队员们做好准备

比如：开学初就宣布少先队干部改选时间，希望大家都用实际行动争取当队干部，利用这一时机可以让队员们自律，改掉自己的缺点。在他们的日常工作中细心观察，不断表扬他们的进步，使选举的队干部成为队员们进步的表率。

（二）竞选演讲，让自己更有信心

参加竞选的队员首先要自己愿意当少先队干部，愿意为大家服务，因为只有愿意做才有可能做好。参加竞选的队员走上讲台的同时，是对自己的一种鼓励、一种信任，这是别人不能给予的。

（三）投票选举，使竞选更具时效性

投票选举，当场公布选举结果，使选举更具有时效性、更透明公正。这样的选举结果才会得到队员们的认可与信任。

二、队干部的级别标志

经队员选举并当选的少先队干部，少先队组织可向他们颁发干部标志。少先队干部的标志为红色布条或红色杠，分三个级别，即大队为三条，中队为两条，小队为一条，戴在左臂上方。少先队干部的标志由少先队组织统一购买或按规定制作。

制作的规格要求是：红色布条（或红色杠）长4厘米，宽1厘米，条与条之间相隔1厘米，左右各留1厘米，镶缝或印在长7厘米、宽6厘米的白布上，整个标志也可用塑料制作。

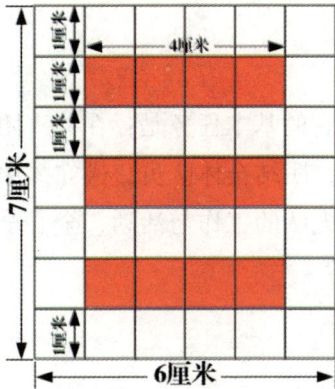

大队长和大队委员的标志

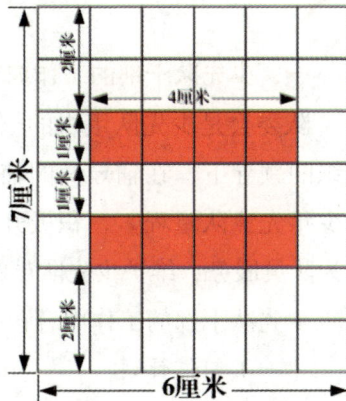

中队长和中队委员的标志

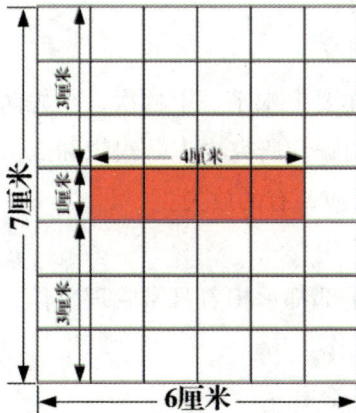

小队长的标志

第四节　少先队干部的工作内容和工作原则

一、少先队干部的工作内容

队委会是少先队组织的核心。它的基本任务是：在共青团组织的领导下，在辅导员的辅导下，团结全体队员，遵守《中国少年先锋队章程》，积极开展少先队的工作与活动，全心全意为队员服务，维护少先队员的权益。

少先队干部的工作内容包括：

（一）制订计划

少先队工作是有组织、有目的的教育实践活动，需要有计划、有步骤地进行。队干部在开展少先队工作时，要注意计划性，学会制订计划。

（二）调查研究

少先队的工作要上水平、上档次，少先队的干部必须学会调查研究，及时调查和研究少先队组织和队员的情况，把握其动态，做出相应反应，有的放矢。

（三）日常工作

每名少先队干部都承担着日常管理工作，都应尽职尽责地完成自己承担的工作。

（四）举行队会

队会是少先队教育活动经常性的一种基本形式。每名少先队干部都应掌握组织队会的本领，能够完成方案设计、组织准备、具体实施和教育效果评估等过程。

（五）做好总结

少先队干部应注意及时总结工作，积累经验，吸取教训，为以后的工作打下良好基础。

二、少先队干部的工作原则

少先队干部工作的总原则是：对全体队员负责，对少先队组织负责。在少先队的日常生活、工作中，少先队干部要坚持服务性、民主性、自主性和创造性的原则。

服务性原则，是指少先队干部必须以服务广大少先队员为根本宗旨，代表好、服务好、维护好队员的利益。

民主性原则，是指少先队干部在工作开展中必须民主地对待队员，生活、工作中不搞特殊化，要自觉接受队组织和广大队员的监督。

自主性原则，是指少先队干部应该具有自主、自治、自助的主人翁精神。队员是少先队的主人，队干部是队员的带头人，应自己管理好、教育好自己，在辅导员的帮助下开展好少先队工作。

创造性原则，是指队干部要有创新思维，在工作中要因地制宜地开展一些有新意的活动，不仅观念新、点子多，工作中也能表现出一些创造性特征。

第五节　少先队干部工作方法举要

　　少先队干部的工作是复杂的，应该讲一些技巧。下面就队干部在日常工作中最常见、最感到棘手的几个问题介绍一些工作方法，以利于队干部更好地开展工作。

一、如何处理工作和学习的关系

　　学生的主要任务是学习，当少先队干部更要带头好好学习。当队干部总要做一些工作，占用一些时间，有些队干部担心这会影响自己的学习。那么，如何才能处理好工作和学习的关系？如何能有条不紊地完成工作，又能出色地完成学习任务呢？

　　这就要学会提高学习和工作效率，做到花较少的时间做较多的事，即科学地安排时间。在学习的时候要专心致志，把思考工作放在课余的零星时间，把动手工作放在中午休息时间。自己负责的那部分工作尽量早完成，分配给别的干部的工作不包办代替，做到责任明确，各司其职。

　　掌握正确的学习方法，是提高学习效率的一个重要因素。上课要专心听讲，作业要及时完成，回家做好预习和复习。学会科学用脑，劳逸结合，才能做到学习、工作两不误。

　　要顺利开展少先队活动，当好队干部，还应取得家长的支持。家长不支持孩子当少先队干部的顾虑一般也是怕影响孩子学习，这时候要向家长说明当干部一是能为大家服务，二是能锻炼自己，再就是用好的学习成绩说服家长。

二、如何获取队工作的信息

获取少先队工作的信息，很重要的一条就是敏捷、反应快，做到脑勤、眼勤、耳勤、手勤、脚勤。

（一）要学会从报纸杂志、广播电视、互联网等传播媒介中获取信息。因为时间少、信息多，看报、听广播、上网等要有选择地听、看、查、记。特别是看有关的文摘报刊时，学会浏览标题，学会抓关键信息，便可提纲挈领掌握更多信息。

（二）要学会从兄弟学校、其他地区的少先队组织中获取信息。少先队干部应注意与有关学校少先队组织建立经常性的互动联系，以互相学习，取长补短。

（三）要学会从少先队员中获取信息。队干部应树立向少先队员学习的思想，深入到少先队员之中，和他们交流思想，商谈少先队工作和活动，从中挖掘少先队工作的各种信息。

（四）要学会从日常生活中、从社会中获取信息，做个有心人。

三、怎样使队活动吸引队员

在少先队活动中，确实有一些活动形式简单、内容枯燥乏味，久而久之就会让队员失去兴趣。要使少先队活动真正吸引住少先队员，应从开展适合当代少年儿童特点的活动，尤其是文体活动入手，紧紧抓住少先队员的"热点"，这样，少先队活动就对少年儿童有了吸引力。先把少先队员吸引过来，就可以进一步提高少先队活动的质量，使少先队活动更加丰富多彩。

四、如何对待同学的意见

作为少先队干部，既要以身作则，又要为同学、为集体好好服务。要做到这两点并不容易。当少先队工作中出现一些不周全的情况时，往往会听到同学的意见甚至抱怨，这时，队干部应该采取什么态度呢？

首先，要仔细分析一下同学提的是哪方面的意见，找到提意见的缘由。在分析了同学提出意见的内容和原因后，队干部要主动对照检查一下自己做得如何。如果同学的意见是正确的，要虚心接受，自觉地改正；如果是同学误解自己了，就要寻找适当时机向他们解释清楚；如果同学的意见提错了，队干部可以与他单独交流，做好思想工作。

五、如何面对工作中的失误

金无足赤，人无完人。不管是谁都会犯错误，何况少先队的小干部呢？关键是当工作中出现失误时，应该如何面对它。我们说，对失误不能不了了之，而应采取一种正确的态度：

首先，要勇于承认自己的失误。勇于承认错误是一种美德。不能为了"面子"不承认错误，不处理问题。如果因此让小问题变成大问题，那小错误也会变成大错误，后果十分可怕。

其次，要寻找失误的原因，找准原因后，进行深刻的反省、检讨，能补救的立刻补救，不能补救的要采取改正措施。只有这样做，少先队干部才会变阻力为动力，变消极因素为积极因素，得到同学的谅解和信任，今后的工作才会得到更多同学的理解和支持，才会将少先队的工作开展得更好。

第六节　少先队干部的培训

少先队干部是少先队员的核心，是少先队组织的骨干，是辅导员和队员之间的纽带。培养好少先队干部，对少先队的工作会有很大促进，培养好少先队干部的关键就是进行经常性的少先队干部培训。

一、少先队干部上岗前的培训

注重少先队干部的上岗前培训，内容有：少先队基本知识；组织少先队活动的技能；少先队干部的工作方法等。作为一名少先队干部，要明白自己的责任和义务，明确岗位要求、工作目标，知道自己应该比以前做得更好；要花更多的时间在少先队事务的管理中；严格要求自己，更加努力学习，成为其他队员学习的榜样和表率。

要通过集中培训使每一名小干部明白：当少先队干部是光荣的、自豪的，也是十分辛苦的。少先队干部要具备以下素质：

热心——乐意为大家做好事，做分外事；

能干——要具有较强的组织能力，会出点子想办法，要有号召力和影响力；

合群——少先队干部与队员的关系是鱼水关系。只有小伙伴们信任你，喜欢你，拥戴你，才能当好队干部。

二、少先队干部选举后的培训

凡是通过少先队民主选举成为少先队干部的队员，必须经过分类培训。这也是做好少先队大、中、小队干部任职工作的方法之一。

分类培训可以采取以下方式：

第一类：大队委员

培训内容：大队委员会职责以及大队委员应具备的条件、能力，还有一项重要内容是对大队委员的分工，要注意自愿合理。队委的分工不能由大、中队辅导员指派。应让大家先自报，再分议。大家自认的分工有利于今后少先队大、中队委员岗位工作的自动化，因为这项工作是自己愿意、喜欢做的，一般是同自己的兴趣、特长对口，最容易发挥自己的才能和积极性。辅导员要做到协调合理。

第二类：分工后的中队委员

培训内容：针对中队委员的不同分工，举办对中队长、中队旗手、中队组织委员、中队宣传委员、中队文娱委员、中队劳动委员、中队学习委员等专职培训，这样举办的培训更具实用性。

对中队委员的培训内容为：一是制订中队工作计划；二是开展中队活动；三是办好中队"小家务"；四是帮助小队开展工作；五是做好组织发展工作；六是建设团结友爱的中队集体。

第三类：小队长

小队是少先队最基础的组织，小队活动搞好了，少先队才能发挥更大的作用。因此，加强对小队长的培训是非常重要的。对小队长的培训内容主要包括："当好小队长的标准""小队长的职责""小队设岗的办法""小队会怎么开""小队日志""小队'小家务'""小队之家"等等。

三、系统学习《中国少年先锋队章程》的培训

在对少先队小干部进行少先队光荣历史的培训后，系统学习《中国少年先锋队章程》，增强组织观念，是全面了解少先队组织的必备课。

（一）队的名称与标志教育

1.队名教育——"先锋"命名的组织。

2.队旗教育——队旗的含义以及执旗的正确方法。

3.红领巾教育——红领巾的含义，为红领巾增添光彩。

（二）少先队队礼、呼号、宣誓教育

1.队礼教育——人民的利益高于一切。

2.呼号教育——时刻准备着的决心。

3.宣誓教育——忠实履行誓言，明确奋斗目标和任务。

（三）"五爱""四作风"教育

1."五爱"教育——爱祖国、爱人民、爱劳动、爱科学、爱社会主义是少先队员应当具备的好思想。（"五爱"教育应分别具体进行）

2."四作风"教育——诚实、勇敢、活泼、团结。这是少先队员在学习和行动中表现出来的态度和风格。

第七章

少先队辅导的含义与加强少先队辅导员队伍建设的途径

为贯彻党的十九届四中全会精神，落实习近平总书记关于少年儿童和少先队工作的重要批示精神和致中国少年先锋队建队70周年贺信精神，落实习近平总书记在学校思想政治理论课教师座谈会上的重要讲话精神，切实增强少先队辅导员队伍的政治素质和履职能力，充分发挥少先队组织政治启蒙和价值观塑造的育人作用，为增强少先队员光荣感提供可靠保障，共青团中央、教育部、人力资源社会保障部、全国少工委四部门联合印发《关于加强新时代少先队辅导员队伍建设的通知》。

第一节　辅导的定义

一、什么是辅导

（一）辅导所包含的意义

"辅导"一词是由"辅"与"导"两个字组成的，《现代汉语词典》（第七版）的解释为：帮助和指导。从字面意思也不难理解，就是帮助与引导的意思。作为一种社会现象、教育现象、组织现象，辅导这一行为或辅导活动是伴随社会现代化、民主化而来的教育现代化、民主化的产物。辅导，它既体现教育者的主导作用，也尊重受教育者的主体作用，是一种新的教育模式。总之，辅导现象的出现，代表着社会进步、教育进步，是社会不断进步、不断成熟的标志。

（二）辅导人员

辅导的理论和观点自出现以来，经历了一百多年的发展与变化，这一活动和现象不断地得到拓展与完善。目前，"辅导"已是一门应用科学，使得从事帮助人们工作的辅导人员具备了专业知识和相关资格证书，进而能开展专业性的辅导工作。

现阶段，辅导人员主要分为专业人员与半专业人员两种。专业辅导人员指的是接受过辅导专业技能培训，并从事专业辅导职业的工作人员，比如心理学指导师、精神病辅助医生等；半专业人员指的是接受过部分或短期的辅导专业训练的人员，如校外少先队辅导员、社区工作者等。

"辅导"是以"辅"为主，指辅导人员以从属地位帮助被辅导人员，一般情况处于次要地位，但有时也能起主要作用。但辅导人员的作用不容小觑。可以说，"辅导"这个词语的意义在现实生活中，被辅导人员的功能和地位与辅导人员对被辅导人员所产生的帮助和所起的作用是相辅相成的。

二、辅导的特点

在我国，辅导是指辅导人员对需要辅人员的一种帮助与指导。有以下特点：

第一，辅导是一种专业的帮助与指导过程。

第二，辅导是一种助人自助的行为，而不是越俎代庖、事事包办，否则将适得其反。

第三，辅导是帮助人们培养高尚道德品质，增长知识、拓宽视野、提高本领，培养正确的人生观、价值观，在新时代完成更大任务的行为。

当前，辅导就是指具备相关经验、知识的人员向缺乏这些经验、知识且有需求的人员提供建议、信息或指导，帮助这些有需求的人员实现个人或职业的成长。

第二节　少先队辅导的含义

少先队辅导是指以广大少先队员为主体，以习近平总书记关于少年儿童和少先队工作重要论述为指导，以帮助广大少年儿童和少先队员开展政治启蒙和价值观塑造为目标，对全国少先队各级组织和广大少先队员进行的帮助和指导。

一、少先队辅导有明确的对象

少先队辅导的明确对象是指少先队这个少年儿童自己的群团组织。这里主要包含两个对象：一是辅导的团体对象，指全国少先队的各级组织，即全国各地的大队、中队和小队，此外还包括少先队队内的各种横向性的小社团；二是辅导的个体对象，是全国各地少先队的各级小干部和少先队员。

少先队辅导的对象有两个鲜明特征：

一是全体性。既包括团体对象——各级少先队组织，又包括个体对象——每个少先队员。

二是主观能动性。即少先队辅导不是一种直接教育，更不是越俎代庖、包办代替，而是要充分尊重每一名少先队员的主观能动性，通过辅导——用理论知识与实际行动帮助与指导，来进一步锻炼和提升每一名少先队员的知识能力。

二、少先队辅导有明确的地位和作用

《中国少年先锋队章程》（中国少年先锋队第八次全国代表大会2020年7月24日通过）明确规定了辅导员的身份：由共青

团选派优秀团员或聘请政治素质过硬、思想进步、作风正派、知识丰富、热爱少年儿童的教师以及各条战线的先进人物来担任。他们是党的少年儿童思想政治工作者，是少先队员亲密的朋友和指导者，帮助中队或大队委员进行工作，组织活动。

这里的"少先队员亲密的朋友和指导者"，其中的"朋友"体现着平等性、友谊性的地位；"指导者"体现着辅导过程中的教育性、主导性的地位。少先队辅导员是站在与队员平等的地位，以友好协助的方式，对少先队员及其群体发挥主导性的教育影响作用。①

（一）辅导员与少先队员保持平等地位

少先队辅导的重点在于充分发挥少年儿童的积极性、主动性，培养他们的主人翁精神，让他们在活动实践中增长才干、茁壮成长。因此，少先队辅导员与队员处于平等地位，是受广大少先队员可信赖及热烈拥护的好朋友。少先队辅导员必须走少年儿童路线，一切依靠少年儿童，从少年儿童中来，到少年儿童中去。②辅导员必须经常深入少先队员之中，通过多种方式了解队员、发现队员长处、学习队员优点、时刻研究队员，一刻也不脱离队员，始终保持与队员的密切联系。辅导员要给予少先队组织、少先队员们充分尊重，为少先队员们提供充分的活动空间，让队委会、队员学习当家、学会做主。

---

① 麦子：《关键字解读〈关于加强新时代少先队辅导员队伍建设的意见〉》，《小雪花（小学生成长指南）》2020 年第 4 期。
② 张月：《少先队辅导员政治素质的结构、现状及影响因素》，硕士学位论文，中国青年政治学院，2021。

（二）辅导员在辅导过程中起主导性作用

现阶段，虽然少先队员是少先队组织的唯一主体，但是广大少先队员毕竟还是少年儿童，年龄小，各方面知识与经验不足，需要成年人的教育和帮助。辅导员受共青团聘请，按照党的期望和共青团的特别要求，将少年儿童政治启蒙和价值观塑造作为主责主业，面向广大少先队员组织实施辅导。辅导员的位置处于主体之侧，发挥着指导作用。这种具有主导作用的帮助与指导，是共青团对少先队实施领导的一种特殊方式。少先队辅导员特定的主导性作用，兼具教育与领导两种作用，全部是通过辅导——帮助与指导来体现的。

（三）辅导员在辅导过程中有特定的目标

少先队辅导员的特定目标：按照党和国家的发展战略对少先队的历史要求，准确把握中国特色社会主义群团发展道路的基本特征和基本要求，坚持少先队作为中国特色社会主义事业战略预备队的基本定位和促进少年儿童自觉全面发展的工作主线，紧紧围绕立德树人的根本任务，坚持组织教育、自主教育、实践活动，增强少先队的思想性、先进性、自主性、实践性，增强少先队员的光荣感和组织归属感，更好地服务于少年儿童快乐生活、全面发展、健康成长，教育引导少年儿童从小学习做人、从小学习立志、从小学习创造，听党的话、跟党走，自觉培育和践行社会主义核心价值观，为实现中华民族伟大复兴的中国梦时刻准备着。简言之，少先队辅导员的特定目标就是建队育人。

具体来讲，少先队辅导员的目标是依据少先队的宗旨和少先队上级领导机构的计划、任务，按照少先队员的主体需求、愿望、兴趣，帮助少先队集体自主地开展各项工作和活动；帮助少先队各级组织把自己的集体建设成为团结、快乐、向上、充满活力，并具有自主能力的集体；引导广大少先队员在组织教育、自主教育、实践活动中接受教育与自我教育，以促进其个性健康、和谐地优化发展，成为建设中国特色社会主义事业的合格人才和共产主义接班人。[①]

---

① 《关于全面加强新时代少先队工作的实施意见》，《福建日报》2022年6月1日。

第三节 加强少先队辅导员队伍建设的途径

为切实增强少先队辅导员队伍的政治素质与履职能力，2020年2月，共青团中央、教育部、人力资源社会保障部、全国少工委联合印发了《关于加强新时代少先队辅导员队伍建设的意见》（中青联发〔2020〕2号）。2021年1月印发的《中共中央关于全面加强新时代少先队工作的意见》，也明确要求把政治标准放在第一位，强化少先队辅导员队伍建设。

一、《关于加强新时代少先队辅导员队伍建设的意见》中的具体措施

一是聚焦主责主业，提升辅导员队伍政治素质，要进一步加强政治领导、强化政治要求。二是明确岗位要求，配齐配强辅导员队伍，要明确岗位职责、明确配备标准。三是完善管理机制，规范辅导员成长发展路径，要建立准入机制、完善成长发展路径。四是强化素质培养，促进辅导员能力提升，要加强学科建设、注重源头培养、构建培训体系。五是加强考核激励，提升辅导员工作积极性。要落实政治待遇、加强考核评价、完善基本保障、建立激励体系。

二、《中共中央关于全面加强新时代少先队工作的意见》中的相关要求

一是锤炼少先队辅导员政治素质。突出政治要求，明确岗

位职责，严格配备标准，完善任职程序，健全少先队辅导员准入和退出机制。强化政治培训，研究制定少先队辅导员教育培训规划，将习近平新时代中国特色社会主义思想作为各级少先队辅导员教育培训的核心内容，不断提升少先队辅导员的政治能力。中小学校党组织要优先选派中青年党员担任少先队辅导员，注重从优秀少先队辅导员中发展党员。

二是优化少先队辅导员队伍结构。配齐配强各级少先队总辅导员，加强少先队总辅导员队伍建设并保持相对稳定，确保事有人干、责有人负。中小学校按照德育主任层级配备大队辅导员，规模较大或集团化办学的学校应当设立副大队辅导员岗位。大力选拔优秀中青年教师担任中队辅导员，规模较大的学校可探索配备少先队活动课专任教师。大力加强校外辅导员队伍建设，聘请优秀党员、团员、团干部和各条战线先进人物、"五老"、符合条件的优秀家长等担任少先队校外辅导员，并建立评价和动态管理制度。

三是创新先队辅导员评价和激励机制。改革完善少先队辅导员评价机制，突出少先队活动效果和育人实效，拓宽教育成果和研究成果认定范畴。将大、中队辅导员年度考核纳入学校教师年度考核，由县级少工委研究制定考核指标并参与具体实施，加强结果运用。完善少先队辅导员职称评聘标准和办法，加大对辅导员参评职称的支持力度。开展骨干辅导员、辅导员带头人、特级辅导员等级称号评定。将符合条件的少先队辅导员作为各级总辅导员、少先队学科教研员和教育部门、团委优秀年轻干部人选。将各级少先队名师工作室纳入同级教育部门学科名师工作室建设范畴。

第八章

少先队辅导员的岗位设置、岗位职责、素质能力及任职资格

《关于加强新时代少先队辅导员队伍建设的意见》（中青联发〔2020〕2号）附件对少先队辅导员岗位设置、职责、素质能力及任职资格进行了明确的规定。

第一节　少先队辅导员的岗位设置

少先队辅导员是党的少年儿童思想政治工作者，是少年儿童亲密的朋友和指导者，是党的少年儿童思想政治工作中的重要力量，是中小学思政教师队伍的重要组成部分。少先队辅导员要将少年儿童政治启蒙和价值观塑造作为主责主业，树立和增强少先队员光荣感，确保主要精力投入到主责主业当中。

一、总辅导员

省、市、县、乡级行政区和设有中小学校的开发区等，要配备少先队总辅导员。省、市总辅导员配备在同级团委，县和开发区等总辅导员配备在同级团委或教育部门，乡少先队总辅导员可由学校大队辅导员兼任。有条件的街道、社区可设置少先队总辅导员。

二、大队辅导员

中小学要全面建立学校少工委，由书记或党员校长担任少工委主任，大队辅导员担任少工委办公室主任。建立团组织的学校，团组织书记可担任少工委副主任，符合大队辅导员任职要求的团组织书记可兼任大队辅导员和少工委办公室主任。大队辅导员领导和指导中队辅导员、校外辅导员开展具体工作。

少先队大队要聘请1名大队辅导员，由各学校少工委推荐，上级团委、教育部门、少工委共同考核、聘任，可由学校团组织书记兼任。根据工作实际，全面落实并保障大队辅导员学校中层职级待遇。在校队员数超过1500人的大队可聘任1名副大队辅导员；有多个校区（教学点）的学校，每个校区可设1名执行大队辅导员。

三、中队辅导员

少先队中队都要聘请1名中队辅导员，由各学校少工委推荐、考核、聘任。中队辅导员可聘请班主任或其他优秀教师担任。由班主任担任中队辅导员的，应负责其所管理的班级中队；由其他学科教师担任中队辅导员的，最多同时辅导2个中队。中队辅导员不能由大队辅导员兼任。

四、校外辅导员

校外辅导员由各级少工委从本地区优秀校外思政课教师、优秀团干部、团员、青联委员，拥护党的领导、道德高尚的劳动模范、科技工作者、青年志愿者等各行业先进人物中选聘。城镇、农村学校每个大队要结合实际情况，聘请一定数量的校外辅导员。省、市、县级团委要建立校外辅导员人才库，为中小学少先队组织开展相关工作提供支持和保障。校外辅导员的聘请、政治审查、登记注册和培训、使用以及管理、考评工作由各级少工委负责。

第二节　少先队辅导员的岗位职责

一、少先队总辅导员的岗位职责

（一）在同级团委、教育部门、少工委领导下，聚焦少先队主责主业，积极落实少先队组织根本任务，推进少先队改革实施，为少先队工作决策提供意见，设计和实施本区域内少先队重要活动，指导基层少先队辅导员设计开展少先队活动，树立和增强少先队员光荣感。

（二）指导学校大、中队辅导员和校外辅导员落实岗位职责。

（三）推广学科建设成果，开展少先队工作研究。省（自治区、直辖市）少先队总辅导员要带头参与少先队相关学科建设。

（四）为本区域的少先队辅导员培训、职称评聘等提供支持，帮助基层少先队辅导员提高政治素质、提升知识能力。

（五）了解和反映本区域基层少先队辅导员的工作、学习、生活情况及需求，提供帮助支持。

（六）完成同级团委、教育部门、少工委交办的其他工作任务。

二、少先队大队辅导员的岗位职责

（一）聚焦少先队主责主业，突出政治启蒙和价值观塑造，传达党对少年儿童的关爱，指导队员自主开展活动，通过大队集会、仪式、活动和各种少先队宣传阵地，讲解党的历史和领袖，介绍党的成就，引导队员听党的话、跟党走，树立和增强少先队员光荣感。

（二）抓好少先队大队组织建设，健全少先队组织生活，加强少先队组织教育，加强党、团、队组织意识和教育内容的衔接，帮助队员理解和珍惜党、团、队的标志标识，学习理解中国特色社会主义，学当小主人。

（三）实施少先队员阶梯式成长激励体系，组织开展规范的队前教育，做好入队激励、"红领巾奖章"激励、荣誉激励、岗位激励、实践激励、推优激励等，引导队员在追求一个个小目标的过程中接受政治启蒙。

（四）领导和指导中队辅导员、校外辅导员落实岗位职责，开展少先队思想引导工作。帮助中队辅导员、校外辅导员增强政治意识、政治素质等。

（五）服务队员现实需求，维护队员正当权益。

（六）关注和分析少年儿童的思想状态，及时正确引导少年儿童的价值取向。

三、少先队中队辅导员的岗位职责

（一）聚焦少先队主责主业，突出政治启蒙和价值观塑造，传达党对少年儿童的关爱。在大队辅导员的领导下，通过每周1课时的少先队活动课和校内外少先队活动，指导队员利用校内外时间、资源自主开展活动，向队员讲解党的历史和领袖，介绍党的成就，引导队员听党的话、跟党走，树立和增强少先队员光荣感。

（二）抓好少先队中队组织建设，开展中队组织生活，增强党、团、队组织意识和教育内容的衔接，帮助队员树立党、团、队相衔接的组织意识和集体意识、服务意识。

（三）服务队员现实需求，维护队员正当权益。

（四）掌握少年儿童的思想状态，及时解决队员思想上的困惑和问题，引导少年儿童树立正确的价值观。

四、少先队校外辅导员的岗位职责

（一）利用自身优势和专长，向少先队员宣讲党的主张，传递党的关怀，讲好中国故事，宣传发展成就，协助大、中、小队围绕政治启蒙和价值观塑造开展教育活动，树立和增强少先队员光荣感。

（二）服务队员现实需求，维护队员正当权益。

（三）为在校内外开展少先队工作创造条件、提供服务和支持等。

第三节　少先队辅导员的素质能力

少先队辅导员是少先队工作中最为重要的力量。少先队辅导员队伍的政治素质和履职能力，直接决定了少先队组织团结、教育、引领三大功能的实现程度。

一、少先队总辅导员应具备的素质能力

（一）具有较高的政治素质和坚定的理想信念，能增强"四个意识"、坚定"四个自信"、做到"两个维护"，严守政治纪律和政治规矩，有较强的政治敏锐性、政治辨别力。

（二）热爱少年儿童，了解和掌握少年儿童思想意识发展和教育规律。

（三）热爱少先队工作，有强烈的政治责任感和敬业精神，有在少年儿童和少先队组织中传播党的意识形态的自觉意识与工作能力。

（四）具有从事少年儿童组织与思想意识教育工作和马克思主义理论、思想政治教育、少年儿童教育工作等相关学科的知识，有一定的开展理论研究的水平和能力，有丰富的少先队实践经验。

（五）综合素质全面，具有较强的组织协调和指导基层少先队工作的能力。

（六）具有主动学习精神和自主学习能力，有创新理念，具有终身学习的追求。

二、少先队大队辅导员应具备的素质能力

（一）具有较高的政治素质和坚定的理想信念，能增强"四个意识"、坚定"四个自信"、做到"两个维护"，严守政治纪律和政治规矩，有较强的政治敏锐性、政治辨别力。

（二）热爱少年儿童，了解和掌握少年儿童思想意识发展和教育规律，了解少年儿童生活、思想实际。

（三）热爱少先队工作，有政治责任感和敬业精神。掌握少先队基本知识和技能，具有将思想政治启蒙和正确价值观塑造融入各项实践活动的意识和能力。

（四）了解少年儿童组织与思想意识教育工作、教育管理、少年儿童教育工作等相关知识，具备一定教育教学经验。

（五）具有较强的组织协调能力和语言、文字表达能力，具有较强的团队协作交流能力以及教育引导、调查研究能力。

（六）具有主动学习精神和自主学习能力，有创新理念。

三、少先队中队辅导员应具备的素质能力

（一）具有较高的政治素质和坚定的理想信念，能增强"四个意识"、坚定"四个自信"、做到"两个维护"，严守政治纪律和政治规矩，有较强的政治敏锐性、政治辨别力。

（二）热爱少年儿童，了解和掌握少年儿童思想意识发展和教育规律，了解少年儿童生活、思想实际。

（三）热爱少先队工作，有责任心和敬业精神。具有发现教育契机，并及时进行教育引导的能力。

（四）了解少先队基本知识、工作理念和工作方法，具备一定教育教学经验。

（五）具有较强的组织协调能力和语言、文字表达能力，

以及较强的观察、引导能力。

（六）具有主动学习精神，有创新理念。

四、少先队校外辅导员应具备的素质能力

（一）具有较高的政治素质和坚定的理想信念，能增强"四个意识"、坚定"四个自信"、做到"两个维护"，严守政治纪律和政治规矩，有较强的政治敏锐性、政治辨别力。

（二）具有较强的组织协调能力和语言、文字表达能力，以及较强的思想引导能力。

（三）热爱少年儿童，热爱少先队工作。有强烈的政治责任感和奉献精神。

（四）具有生动、具体、准确有效地向少年儿童传播党的意识形态的能力。

（五）具有整合自身资源，为中小学少先队工作提供帮助和支持的能力。

第四节　少先队辅导员的任职资格

一、少先队总辅导员任职需具备的基本条件

（一）中共党员，忠诚党的事业，理想信念坚定，政治站位较高。无不良言行。

（二）具有大专以上（含大专）文化程度。

（三）省少先队总辅导员任职前应具有5年以上少先队辅导员、共青团工作或少年儿童教育经验；市、县少先队总辅导员任职前，应具有3年以上中小学少先队辅导员、共青团工作或少年儿童教育经验。

二、少先队大队辅导员任职需具备的基本条件

（一）中共党员、入党积极分子或优秀共青团干部、团员，忠诚党的事业，理想信念坚定。无不良言行。

（二）城镇中小学大队辅导员应具有大专以上（含大专）文化程度，农村中小学大队辅导员应具有中师以上（含中师）文化程度。

（三）具备2年以上学校教育教学工作经验。

三、少先队中队辅导员任职需具备的基本条件

（一）中共党员、入党积极分子、优秀共青团员，或积极申请入党的优秀教师，忠诚于党，理想信念坚定。无不良言行。

（二）城镇中小学中队辅导员应具有大专以上（含大专）

文化程度，农村中小学中队辅导员应具有中师以上（含中师）文化程度。

（三）具备1年以上学校教育教学工作经验。

四、少先队校外辅导员任职需具备的基本条件

（一）中共党员、入党积极分子或优秀共青团干部、团员，忠诚于党，理想信念坚定，政治觉悟较高。

（二）遵纪守法，无不良言行。

（三）身体健康，品德高尚。

第九章

少先队辅导员任职、履职发展及退出，培养和学科建设，考核激励和等级评定

《关于加强新时代少先队辅导员队伍建设的意见》（中青联发〔2020〕2号）附件对少先队辅导员任职程序、履职要求、培养培训、考核激励和等级评定等提出了规范标准和流程。

第一节　少先队辅导员任职、履职发展及退出

一、任职程序

（一）少先队大队辅导员任职程序

少先队大队辅导员的任职，主要应履行中小学中层管理人员任职程序。在此基础上，要突出以下程序：

1.个人申请。符合任职资格的教师，个人主动或经学校党组织谈话动员，提交书面申请。申请书应包括任职的意愿、对党团队组织关系和少先队主责主业的认识、个人履历等。

2.讨论酝酿。学校少工委对申请人选逐一讨论，确定1至3名候选人。

3.组织考察。由学校少工委对拟推荐对象进行谈话，侧重了解政治素质、政治觉悟、工作能力、工作热情，考察申请人资格和能力素质。

4.校内选拔。有1名以上候选人时，在学校正常开展的中层岗位选拔基础上，进一步征求学校党组织书记、辅导员代表和少先队员代表的意见，确定拟聘任人选。

5.公示。在校内进行不少于1周的公示。

6.正式聘任。由学校少工委将结果报上级少工委批准后，由学校少工委聘任，颁发聘书，大队辅导员一般3年一聘，第一年为试用期，试用期考核不合格随时解聘。

（二）少先队中队辅导员任职程序

1.个人申请。符合任职资格的班主任、任课教师，个人主动或经学校党组织谈话动员，提交任职申请。

2.组织考察。由学校少工委考察申请人资格和政治素质能力，确定拟推荐任职人选，并报学校党组织批准。

3.正式聘任。经学校党组织批准后，由学校少工委聘任，颁发聘书。各中小学校可根据实际情况自行确定中队辅导员聘期，建议3年一聘，最短不能低于1年一聘，最长不能超过所在中队小学毕业或初中离队时间。

（三）少先队校外辅导员任职程序

1.个人申请或组织推荐。符合任职资格的各行各业先进人物及社会各界热心人士，根据个人意愿，向相应少工委提出申请，或由各级少工委推荐。

2.组织审查。由拟聘任少工委对申请人员进行资格审查。

3.公示。在拟聘任人选所在单位（社区）和学校各进行不少于1周的公示。

4.正式聘任。由各级少工委聘任，颁发聘书，并报上级少工委和申请人所在单位（社区）备案。校外辅导员一般1年一聘。

二、履职要求

（一）少先队大队辅导员直接受学校少工委领导，直接向学校少工委主任、副主任汇报工作。少先队中队辅导员、校外辅导员开展少先队工作，受大队辅导员领导，向大队辅导员汇报工作。

（二）少先队大队辅导员要将政治启蒙和价值观塑造融入少先队各项工作和活动，传播党的领导和关怀，引导队员在活动中认识党、了解党、热爱党，热爱祖国，热爱人民，帮助队员树立光荣感、组织归属感；要开展好少先队组织教育和仪式教育，向队员讲解少先队组织和少先队仪式的意义，培养集体主义精神；要尊重少年儿童成长规律，指导少先队员自主制订计划、开展活动；要大力开展实践教育，引导少先队员多开展观察社会、体验国情的实践活动；要开展榜样教育，鼓励队员自主发现榜样的闪光点，着重引导队员学习榜样立志向，自觉践行社会主义核心价值观，从小树立报效祖国、全心全意为人民服务的志向。要时刻关注少先队员的思想动态，及时发现队员思想变化，对于负面变化要及时引导。

（三）要服务少年儿童现实需求，引导队员学会感恩，用实际行动帮助和服务身边的人。

（四）要积极参加学习培训，自觉加强政治理论学习，不断丰富知识技能，坚持学以致用，自觉提高政治素质和履职能力。

（五）各级教育部门、团委、少工委要维护少先队辅导员履职权利，及时向少先队辅导员传达少先队工作重要政策文件和重要工作安排。

三、成长发展

（一）职称晋升。支持符合条件的中小学少先队辅导员参评中小学教师职称。推动在中小学教师职称序列中单设"思政类"科目。按照中小学教师职称评聘的规定和要求，支持辅导员参评学科教师职称或思政类教师职称。

（二）岗位晋升。将符合条件的少先队辅导员作为各级总辅导员、少先队学科教研员和教育部门后备干部人选。特级辅导员应列入省级少先队总辅导员、少先队工作教研员后备人选。辅导员带头人、骨干辅导员纳入同级教育部门后备干部培养体系、晋升梯队，纳入同级少先队教研员后备梯队。

（三）各级教育部门、团委、少工委要保障少先队辅导员待遇落实。

四、退出程序

（一）大队辅导员因正常岗位调整，或上一聘期届满，需退出少先队工作岗位的，学校少工委应提前1个月将拟卸职、拟递补的辅导员报上级少工委备案，并做好工作交接。交接期间，原辅导员要主动及时做好对新上任辅导员的指导和帮助。

（二）大队辅导员因个人原因，需退出少先队工作岗位的，应当经学校少工委讨论后宣布决定，将拟卸职、拟递补的情况报上级少工委备案，并督促新老辅导员做好交接。

（三）辅导员个人有下列情形之一的，应当予以解聘：

1.因违法、违纪受到组织处理的，有不良言行的。

2.存在违反辅导员专业资格或违反师德"一票否决"的情形的。

3.因改变个人政治面貌，不再符合担任辅导员条件的。

4.总辅导员、大队辅导员在试用期内考核等次为"不合格"的，或在任期内2次考核等次为"不合格"的；中队辅导员、校外辅导员2次考核等次为"不合格"的。

解聘少先队大队辅导员由学校少工委讨论决定，报上级少工委批准。解聘中队辅导员由学校少工委讨论决定。解聘校外辅导员由聘任少工委讨论决定，并将解聘通知送校外辅导员所在单位。

（四）少先队辅导员因正常岗位调整或个人原因退出少先队工作岗位时，保留称号，中止享受待遇。辅导员被解聘时，要交回聘书，撤销辅导员称号，终止享受待遇，收回证书。

第二节 少先队辅导员培养和学科建设

一、少先队辅导员培养策略

（一）新任少先队辅导员培养

1.加强各级师范院校源头培养。各级师范院校要充分借助"少年儿童组织与思想意识教育"学科建设成果，将少先队相关课程纳入师范类专业课程内容。各级少工委要加大对少先队相关学科毕业生从事少先队工作的引导帮扶力度。

2.加强少先队辅导员岗前培训。建立少先队大、中队辅导员岗前培训制度。每年由县级及以上团委、教育部门、少工委组织新任职少先队大、中队辅导员参加岗前培训，重点培训党、团、队基本知识，党对少年儿童的希望和对少先队工作的要求，少先队辅导员职责，少年儿童政治启蒙和价值观塑造基本能力等内容。岗前培训每次不低于24学时，并组织岗前考试。考试合格后，由团委、教育部门、少工委联合授予"少先队辅导员岗前培训合格证"。因临时岗位调整，没有参加岗前培训的辅导员，要在试用期结束前完成岗前培训并通过考试。校外辅导员的岗前培训由学校大队辅导员负责。

3.推动少先队辅导员在职攻读硕士。开设少先队相关学科的高校要采取有效方式，鼓励少先队辅导员在职攻读少先队相关专业或教育管理、小学教育等学科硕士，并以少先队工作为主要研究方向。

（二）在岗少先队辅导员培训

1.全面实施少先队辅导员全员培训。构建"岗前培训＋在岗培训＋专项培训""辅导员培训＋师资培训"的分级培训体系。

2.将少先队辅导员培训纳入师资培训体系、继续教育体系和网络继续教育培训体系。教育部门组织的各级中小学教师培训项目中，少先队工作培训内容不少于4学时。中小学校长和德育工作者培训中，少先队工作培训安排不少于8学时。在教育部门面向教师开展的远程培训和教师进修项目中，要增加少先队工作专题内容并纳入学时学分。

3.各级少先队辅导员培训由各级团委、教育部门、少工委、中小学校主办。经主办单位批准，可以委托各级团校、高校、科研（教研）机构、相关专业机构等承办或协办。未经各级团委、教育部门、少工委批准，任何单位和个人不得擅自举办少先队辅导员培训。

4.各级团委、教育部门、少工委对少先队辅导员的培训要按照分级培训、分类负责的原则实施。

（1）教育部、团中央、全国少工委负责培训省、市少先队总辅导员、培训师资和部分优秀一线少先队工作者。

（2）省级团委、教育部门、少工委负责培训市、县（含开发区）少先队总辅导员、优秀大队辅导员和学校少工委主任。

（3）市级团委、教育部门、少工委负责组织县（含开发区）、乡镇总辅导员、大队辅导员、优秀中队辅导员、学校少工委主任和优秀校外辅导员培训。

（4）县级团委、教育部门、少工委负责组织本地区大队辅导员、优秀中队辅导员、乡镇总辅导员培训。承担所有新任大队辅导员、中队辅导员和校外辅导员的岗前培训工作。

（5）学校少工委负责全体中队辅导员、校外辅导员日常培训，并负责对其他教师普及少先队基本知识。

（6）在各级团干部培训中大幅增加少先队辅导员培训名额，不少于全部名额的20%。将少先队辅导员培训纳入全团各级"青年马克思主义者培养工程"培训体系。

5.少先队辅导员培训内容主要包括政治理论培训、少先队工作技能培训、少先队知识培训等。聚焦政治启蒙和价值观塑造，重点学习少年儿童组织与思想意识教育研究的基本理论、方法，培养辅导员生动具体、准确有效地向孩子们传播党的意识形态的能力，运用国家大事、社会热点、生活小事和先进人物、身边榜样及新文化产品等开展思想政治引导的能力，将思想政治教育融入少先队教育活动的能力，针对少年儿童思想政治意识中的主要问题和困惑开展引导的能力。政治理论培训课时在大队辅导员培训中不得低于总课时的80%。

（三）辅导员培训师资队伍建设

各级少工委要积极组织辅导员培训师资开展集体备课，遴选优秀辅导员作为集体备课牵头人，集中研究审核培训内容。各级少先队名师工作室要本分发挥作用，经各级团委、教育部门、少工委批准，名师工作室带头人要作为本地辅导员培训讲师，开展送课到校。

少先队辅导员培训师资必须对党忠诚、政治坚定，政治素质高，理想信念坚定。要积极研究、开发、规划线上线下培训课程和相关授课资料，保障培训质量。各级少工委要对少先队培训师资进行动态管理。对培训政治要求、培训效果不合格的师资，必须及时调整。

（四）培训考核和保障

1.少先队辅导员培训要坚持逢训必考的原则，由主办单位对受训辅导员进行考核。根据培训内容，由主办单位确定培训考核内容，以笔试或实操方式进行考核。考核不合格的学员不予颁发结业证书，不计入培训课时。

2.各级团委、教育部门、少工委每年要对下一级团委、教育部门、少工委开展的培训班次、名额、课时、培训效果定期考核。考核结果作为学校和各级主办单位重要工作内容，计入本系统党建考核和教育督导考核。

3.各级教育部门要将大、中队辅导员培训学时计入教师继续教育学时，并折算为教师继续教育学分计入档案。

4.各级团委、教育部门、少工委要将少先队辅导员培训经费纳入中小学教师培训经费，并提供必需保障。

二、加强少先队相关学科建设

《关于加强新时代少先队辅导员队伍建设的意见》（中青联发〔2020〕2号）在"强化素质培养，促进辅导员能力提升"方面，提出要加强学科建设。

（一）工作要求

1.聚焦学科研究方向。以习近平新时代中国特色社会主义思想为指导，把学科研究方向聚焦到少先队思想政治启蒙和价值观塑造的主责主业上。准确把握少先队相关学科内涵和特点，针对学科发展中基础性、导向性、战略性的重要问题，组织力量，汇聚队伍，出成果、出人才，不断提高学科建设的质量和水平。将其中的重大问题纳入学科建设规划，进一步推动学科研究成果服务少先队工作和新时代少先队辅导员队伍建设。

2.加强学科研究。重视和加强学科基础理论建设，构建严谨、规范的学科理论体系。深入研究少先队工作历史、基本理论、工作方法；深入研究少先队工作理论体系、教材体系、教学体系；深入研究新时代少先队工作中的重大问题和现实中的重点、难点问题。贯彻理论联系实际原则，不断推出优秀理论成果。

3.建设思想政治素质过硬、业务水平一流的学科师资队伍。每个学科点要确保有至少5名思想政治正确坚定，自觉坚持和拥护中国共产党领导，能深入学习贯彻党和国家政策精神，品德高尚，价值导向正确，热爱教育，热爱少先队事业，具有博士学位或副高级以上职称的学术导师。鼓励聘请马克思主义理论、思想政治教育、政治学、心理学、社会学等相关专业师资作为本专业导师。

4.建设高水平的学科课程体系。制定少先队相关学科课程与教材发展规划，系统研发理论与实践相结合的课程体系。鼓励高校配套编写开发课程教材或讲义。要独立开展少先队相关学科理论教学，建设专门的本学科研究生专业培养体系。各相关高校要与省级团委、教育部门、少工委紧密合作，完善少先队相关学科研究生培养计划，积极组织研究生开展实践调查，提升理论学习和实践能力。

5.推动少先队辅导员在职攻读相关专业硕士。支持相关高校申请开设"少年儿童组织与思想意识教育"专业学位硕士。条件尚不成熟的高校可吸收在职少先队辅导员报考教育管理、小学教育等相关专业硕士，并以少先队工作为主要研究方向。

各级团委、教育部门、少工委要主动配合高校做好专业硕士招生宣传，动员优秀少先队辅导员报考，并通过各种形式帮助优秀辅导员备考。

6.加强学科人才培养。开设少先队相关学科的高校要主动扩大招生名额，各高校每年招生不少于8名。办学质量层次和水平较高的高校，可根据学校实际情况进一步增加名额。增加研究生的实践活动，强化高校与社会机构的联合实践培养。要建立规范、系统的研究生见习实习制度，鼓励研究生在各级团委、少工委、少年儿童研究机构、中小学校、青少年宫开展见习实习工作。建立高校研究人员与基层一线辅导员结对机制，加强理论成果转化。

7.加强学科交流。加强开设少先队相关学科的各高校之间的交流，加强少先队相关学科与哲学社会科学其他相关学科之间的交流。立足本学科发展，鼓励跨学科交叉研究。拓展学术研究视野，加强国际比较研究。逐步扩大优秀基层一线辅导员参加学术交流的机会。

8.积极争取在各级各类课题中增设少先队工作专项。争取全国哲学社会科学工作办公室等有关部门支持，每一至两年发布一次少先队工作领域的国家哲学社会科学重点课题（或专项课题）。在每年的教育部哲学社会科学重点课题中增设少先队工作课题。鼓励学科专业人员与基层一线辅导员联合开展课题研究，努力促进理论与实践相结合。

9.加强就业服务和引导。各级团委、少工委要定期汇总本地中小学校、青少年研究机构、师范院校、教育研究机构、青少年宫等校外教育活动机构等对本专业人才的需求，加大对本学科研究生的就业服务力度。

（二）工作保障

1.要保障少先队相关学科长期有效地发挥平台服务作用，各级教育部门、团委和高校都要积极为本学科发展努力提供经费、人才等支持。要积极采取多种激励手段，通过会议研讨、媒体报道等方式宣传学科建设先进经验，进一步提高少先队相关学科质量。

2.大力加强中国少年先锋队工作学会建设，努力打造全国范围的少先队学术研究平台。积极建设省级学术研究平台，发挥好省级少先队工作学会的平台作用，有条件的省份可依托相关高校，至少成立1个本学科的省级学术研究中心。充分发挥学科研究平台的智库作用，为少先队工作和新时代少先队辅导员队伍建设提供支持。已成立省级学科研究中心的省（自治区、直辖市），要积极指导并帮助高校推进学科平台纵深发展。

3.打造学术期刊。为高校研究人员和少先队辅导员提供学术交流平台，逐步打造一批有影响力的学术期刊。各级少工委、少先队工作学会要加强与高校的合作，指导帮助少先队辅导员开展少先队课题研究、发表学术论文。

4.定期开展学科督导和评价，每年开展一次专项督导，每五年开展一次专项评估。

第三节　少先队辅导员考核激励和等级评定

《关于加强新时代少先队辅导员队伍建设的意见》（中青联发〔2020〕2号）对少先队辅导员考核激励和等级评定办法进行了具体的规定。

一、少先队辅导员考核激励办法

（一）少先队辅导员的少先队工作业绩考核

1.县级（含）以上总辅导员由同级团委、教育部门、少工委负责考核。乡总辅导员、大队辅导员由县级少工委负责考核。中队辅导员、校外辅导员由学校少工委负责考核。

2.对少先队辅导员的考核每年（或每学年）进行一次，并建立考核档案。

3.考核内容：

（1）对省、市、县（含开发区）总辅导员的考核参照同级团委、教育部门、少工委的考核内容和方式，重点考核政治素质和履职实效。

（2）对大、中队辅导员和校外辅导员的考核，由省级少工委根据辅导员岗位职责、履职要求，聚焦少先队政治启蒙主责主业，突出少先队政治启蒙要求，结合本地区实际，坚持定量评价与定性评价相结合，设计统一的考核内容、指标和评价标准。

4.大、中队辅导员的考核方式：

（1）辅导员个人工作总结。汇报本人落实少先队辅导员职责、年度开展的主要工作和实际效果，并在一定范围内公示。

（2）所在学校组织评估。对大队辅导员的考核要听取上级少先队总辅导员、学校党组织书记（校长）和50％以上中队辅导员代表和部分少先队员代表的意见；对中队辅导员的考核要听取学校党组织书记（校长）、大队辅导员、部分少先队员的意见。

（3）日常工作评价。了解辅导员日常开展组织教育、自主教育、实践教育等情况。

（4）形成对辅导员的书面改进建议。

（5）将辅导员考核结果和改进建议送交本人，并记入考核档案。对大队辅导员的考核结果和改进建议报上级少工委备案。

5.对少先队大、中队辅导员的少先队工作业绩考核分为优秀、合格、基本合格、不合格四个等次。考核结果作为辅导员聘任、评选先进、岗位晋升、职称晋升和参加称号评审的重要依据。每次考核"优秀"的等次比例不超过全部大、中队辅导员总数的30％。考核"不合格"的辅导员，要由学校少工委主任约谈本人，提出改进要求，取消本年度教师考核"优秀"等次资格。在任期内两次考核等次为"不合格"的，应予以解聘。

（二）少先队辅导员的激励

1.积极探索对辅导员的政治激励方式。各级团组织要从优秀的少先队辅导员中选拔各级团代会代表和委员会委员、常委。各级团委要积极争取党的组织部门支持，推荐优秀大、中队辅导员加入党组织。在各级团代会、少代会和团、队组织的重要活动中，要注重宣传展现优秀辅导员的工作事迹，邀请优秀辅导员开展讲座、经验交流等活动。定期开展少先队辅导员交流活动，定期编辑发布优秀少先队活动案例、论文。各级教育部门、团委所属的媒体要设立专栏，大力宣传优秀少先队辅导员事迹和优秀少先队活动。要吸收优秀少先队辅导员参加各级团委组织的青年讲师团，将优秀少先队辅导员纳入"青年马克思主义者培养工程"培养对象。积极推荐优秀少先队辅导员担任各级人大代表、政协委员候选人。

2.对工作有显著成绩或做出特殊贡献的少先队辅导员，由各级团委、少工委联合教育部门等按国家有关规定开展表彰，授予"优秀少先队辅导员"等称号。各级团委、少工委表彰的优秀少先队辅导员，要与同级优秀教师、优秀班主任同等对待。共青团组织表彰的优秀青年、先进工作者等，优秀少先队辅导员所占比例不低于全部候选人的10%。教育部门表彰的中小学优秀教师、优秀教育工作者，应有少先队大、中队辅导员代表。

3.支持少先队大、中队辅导员参评中小学教师职称。大力推动在中小学教师职称序列中单设"思政类"科目。支持大、中队辅导员参评学科教师职称或思政类教师职称，以品德、能力、业绩为导向，可享受思政课教师相关职称评聘待遇。

4.加强对少先队辅导员的激励保障力度，参评中小学教师职称时，在工作年限、工作量、相关业绩等方面与学科教师、思政课教师同等对待。

二、少先队辅导员称号等级评定办法

（一）称号等级设置

称号分为三个等级：骨干辅导员、辅导员带头人、特级辅导员。

（二）基本要求

1.忠诚于党，具有较高的政治素质和坚定的理想信念，增强"四个意识"、坚定"四个自信"、做到"两个维护"，严守政治纪律和政治规矩。坚持把讲政治放在首位，以党的方向为方向、以党的意志为意志，始终在政治上、思想上、行动上与以习近平同志为核心的党中央保持高度一致。

2.热爱党的少年儿童事业，主动学习党对少年儿童的希望和对少先队工作的要求，主动开展研究，不断探索创新对少年儿童进行政治启蒙和价值观塑造的有效方法。落实党的要求，教育引导少年儿童传承红色基因，热爱祖国、热爱人民、热爱党，始终听党的话、跟党走，自觉培育和践行社会主义核心价值观，为实现中国梦时刻准备着。树立和增强少先队员光荣感，愿意为党巩固和扩大少年儿童群众基础努力工作。

3.树立崇高教育理想，有发自内心的民族自豪感，有深沉持久和坚定的文化自信心，能结合地域特点开展家国情怀教育。

4.为人师表，遵守社会公德，引领社会风尚，以高尚品行和人格魅力教育感染少年儿童。真心关爱少年儿童，尊重少年儿童的独立人格和个人隐私。

5.坚持终身学习，勇于开拓创新，主动学习少年儿童思想政治教育理论、方法及相关学科知识。把握思想政治教育规律和少年儿童成长规律，积极开展理论研究和实践探索。

（三）称号等级基本标准

本标准对骨干辅导员、辅导员带头人、特级辅导员的要求依次递进。

1.骨干辅导员

维度	领域	基本要求
理念	（1）对岗位的理解与态度	①认真学习贯彻习近平新时代中国特色社会主义思想，认真贯彻落实习近平总书记关于少年儿童和少先队工作的重要指示。 ②聚焦少先队政治启蒙和价值观塑造的主责主业，理解少先队工作的意义，具有为党育人的思想觉悟，树立和增强少先队员光荣感。 ③主动申请从事少先队工作。在辅导员岗位上连续工作3年以上，具备少年儿童组织与思想意识教育及相关专业硕士学位、博士学位的着重考虑。 ④具有团队合作精神，能够开展协作与交流，大、中队辅导员和校外辅导员评价良好。
	（2）对少年儿童的态度与行为	①能做少先队员的朋友，所在大、中队少先队员评价良好。 ②了解少先队员的个性差异和思想意识特征，能考察了解队员的思想意识情况。 ③工作面向全体少先队员。
	（3）对少先队工作的态度与行为	①能够履行少先队工作职责，连续2年少先队工作考核等次为"优秀"。 ②能够达到各级少工委的基本工作要求，落实各级少工委各项工作部署。 ③能够独立开展少先队组织教育、自主教育和实践教育，定期开展大、中队活动。
知识	（1）关于少年儿童的知识	①了解少年儿童思想意识形成和发展的基本知识，形成有一定指导意义的思想引导工作案例，3年内在县级以上（含县级）辅导员培训班上授课或专题交流3次。 ②了解少年儿童生存、发展和保护的有关法律法规。 ③了解少年儿童的兴趣爱好等。

续表

维度	领域	基本要求
知识	（2）关于少先队的知识	①了解少先队队章、队史、少先队组织工作条例、少先队标志礼仪基本规范、少先队改革方案、少先队活动课程指导纲要等基本知识。 ②了解少先队与学校德育、社会实践活动以及其他学科、学校文化建设的区别和联系。 ③了解与少先队有关的政策制度，落实与少先队有关的政策制度和重点工作安排。
	（3）关于思想引领的方法	①了解马克思主义哲学、教育学、政治学、心理学、社会学、组织行为学等学科的基础知识。 ②了解不同年龄少年儿童的认知规律和特点，能够根据不同年龄段队员实际开展不同的少先队教育活动。 ③了解思想政治教育的基本方法。
	（4）关于信息技术的知识	掌握做好少先队工作所需的基本信息技术知识，能够利用信息技术获取科学准确的少先队工作信息。
能力	（1）思想引领能力	①全面了解党对少年儿童的希望和要求，全面了解党、团、队的历史和红色文化，能够通过故事等方式面向少年儿童生动讲解党的希望和要求。 ②能够在少先队活动中宣传党的知识和成就。 ③能够在少先队活动中宣传团的基本知识。 ④拥有利用地区资源、校外资源传承红色基因、开展思想引导的能力和意识。
	（2）少先队组织建设能力	①能够建立少先队大队活动室、中队角、鼓号队等校内活动阵地。 ②能够开展少先队基本礼仪教育、仪式教育。 ③能够指导少年儿童开展组织生活。

维度	领域	基本要求
能力	（3）少先队活动的设计、组织、实施与评价能力	①能够指导少先队小骨干制订完整的少先队工作计划。 ②能够落实每周1课时的少先队活动。 ③能够指导队员自主设计、组织、实施、评价少先队活动。 ④在辅导员工作刊物或县级以上（含县级）媒体报道少先队工作案例至少1篇。
	（4）沟通与合作能力	①拥有与校内其他岗位同事进行沟通的意识和能力。 ②能够与家长沟通，让家庭参与少先队工作。 ③能够与少先队员有效沟通，了解队员的需求和困惑。
	（5）研究与发展能力	①能够定期对工作或活动进行总结和反思，改进少先队工作。 ②了解少先队研究的热点问题和研究成果，参与市级以上（含市级）少先队课题研究至少1个，或作为第一作者在少先队工作相关刊物上发表文章至少1篇。 ③制定自身专业发展规划，不断学习提高自身专业知识。

2.辅导员带头人。辅导员带头人需具备较强的实践经验和一定的研究能力。辅导员带头人的专业标准除涵盖骨干辅导员的专业标准内容要求外，在各项指标上还有更高的要求。

维度	领域	基本要求
理念	（1）对岗位的理解与态度	①认真学习贯彻习近平总书记关于少年儿童和少先队工作的重要指示。 ②热爱少先队工作，有少先队工作发展的明确目标。获得骨干辅导员称号，在辅导员岗位上连续工作3年以上。 ③聚焦少先队工作政治启蒙和价值观塑造的主责主业，树立和增强少先队员光荣感。 ④具有团队合作精神，能够积极争取学校其他工作部门对少先队工作的支持。
	（2）对少年儿童的态度与行为	①能做少先队员的亲密朋友，所在大、中队少先队员对其评价好。 ②了解少先队员的个性差异和思想意识特征，经常与队员有针对性地开展单独谈心交流。 ③调动全体少先队员主动性，引导全体队员参与活动计划、组织实施、总结等环节。
	（3）对少先队工作的态度与行为	①履行少先队辅导员职责较好，最近连续3次少先队工作考核等次为"优秀"。 ②领会各级少工委的工作要点，创造性地开展活动，最近3年内承担至少1次县级以上（含县级）少工委组织的示范性活动，或至少1次市级以上（含市级）少工委组织的现场观摩活动。 ③能够规范开展少先队组织教育、自主教育和实践教育，能够持续开展有特色的少先队活动，在本地有一定影响力。
知识	（1）关于少年儿童的知识	①了解影响少年儿童思想意识形成和发展的基本规律，能根据规律开展思想引导工作。3年内在市级以上（含市级）少工委组织的培训班上授课1次，或在县级少先队辅导员培训班上授课3次。 ②了解少年儿童生存、发展和保护的有关法律法规及政策规定。 ③了解少年儿童的兴趣，能够利用少年儿童感兴趣的日常事物、文化产品开展思想引导工作。

维度	领域	基本要求
知识	（2）关于少先队的知识	①了解少先队改革方案、少先队工作要点，根据少先队改革要求和各级少工委重点工作安排开展少先队工作。②了解少先队与学校德育、社会实践活动以及其他学科、学校文化建设的区别和联系，在参与的所有工作和活动中都能突出少先队主责主业。③参与市级少先队政策制度的研究起草，参与市级少先队重点活动项目、主题活动设计，提出合理化意见、建议。
	（3）关于思想引领的方法	①了解马克思主义哲学、教育学、政治学、心理学、社会学、组织行为学等学科基础知识。②了解不同年龄少年儿童的认知规律和特点，能够根据不同年龄段的队员需求，通过不同方式开展有针对性的思想引导。③了解思想政治教育的基本方法。
	（4）关于信息技术的知识	掌握少先队工作所用的基本信息技术知识，能有效运用信息技术开展少先队工作学习交流和宣传展示。
能力	（1）思想引领能力	①全面了解党、团、队的历史和红色文化，能够通过故事等方式面向少年儿童生动讲解党的希望和要求。②能够在少先队活动中宣传党的知识和成就，向少先队员传播党的意识形态。③能够在少先队活动中宣传团的基本知识。④定期利用校外资源开展思想引导工作，传承红色基因，形成少先队校外工作的有效工作机制和工作方式。

续表

维度	领域	基本要求
能力	（2）少先队组织建设能力	①能够在组织建设和组织教育中鲜明地扩展党的青少年组织行为。 ②能够发挥少先队校内外阵地的作用，对少先队员开展思想政治引导。 ③能够开展少先队组织教育，突出党、团、队组织意识的衔接。 ④能够引导队员按照要求争创优秀少先队组织。
	（3）少先队活动的设计、组织、实施与评价能力	①能够指导少先队小骨干制订完整的少先队工作计划。 ②能够利用重要的时间节点开展主题教育活动和主题队日活动。 ③能够指导队员自主设计、组织、实施、评价少先队活动，在活动中突出思想政治引导，既有意义又有吸引力。 ④在辅导员工作专业刊物或市级以上（含市级）媒体报道少先队工作案例至少2篇。
	（4）沟通与合作能力	①拥有与校内其他岗位同事进行沟通的意识和能力。 ②能够与家长沟通，让家庭参与少先队工作。 ③能够与少先队小骨干、有个性化需求的队员进行沟通。
	（5）研究与发展能力	①能够定期对工作或活动进行总结和反思，改进少先队工作。 ②牵头完成市级以上（含市级）少先队课题至少1个，或参与完成国家级、省级少先队课题研究至少2个，或作为第一作者在少先队辅导员工作相关刊物上发表文章至少5篇或出版少先队工作专著。

3.特级辅导员。特级辅导员须具备丰富的实践经验和较强的研究水平。特级辅导员的专业标准除涵盖辅导员带头人的专业标准内容要求外，还需要在思想引领工作中的某一领域有深入的研究，并具备有影响力的成果。

维度	领域	基本要求
理念	（1）对岗位的理解与态度	①认真学习贯彻习近平新时代中国特色社会主义思想，贯彻落实习近平总书记关于少年儿童和少先队工作的重要指示。 ②热爱少先队工作，有少先队专业发展的特色化目标。获得辅导员带头人称号，在辅导员岗位上继续工作3年以上；或具备少年儿童组织与思想意识教育和相关专业硕士学位，在辅导员岗位上连续工作8年以上；或具备少年儿童组织与思想意识教育和相关专业博士学位，在辅导员岗位上连续工作6年以上。 ③各项工作都能聚焦政治启蒙和价值观塑造的主责主业，能够将日常德育、活动等工作提升到思想政治教育层面，树立和增强少先队员光荣感。 ④具有团队合作精神，与学校教育教学相融合，整合各种工作资源开展少先队思想引导工作，在本地有较大影响力。
	（2）对少年儿童的态度与行为	①能做少先队员的知心朋友，受少先队员信赖，队员对其评价好。 ②尽可能满足少先队员个体需求，能根据队员具体情况制定有针对性的思想引导工作方法。 ③注重对全体队员的思想引导，全面提升全体队员的思想政治意识。

续表

维度	领域	基本要求
理念	（3）对少先队工作的态度与行为	①履行少先队辅导员职责较好，最近连续3次少先队工作考核等次为"优秀"。②能够创造性地落实各级少工委的工作目标，3年内承担至少1次市级以上（含市级）少工委组织的示范性活动，或1次省级以上（含省级）少工委组织的现场观摩活动。③能够创造性地开展少先队组织教育、自主教育和实践教育，形成特有的少先队工作品牌、工作方法。
知识	（1）关于少年儿童的知识	①深入了解影响少年儿童思想意识形成和发展的基本规律，能根据规律开展思想引导工作，3年内在省级以上（含省级）少工委组织的培训班上授课至少1次，或在市级少先队辅导员培训班上授课至少2次。②熟悉如何引导少年儿童的兴趣和关注，能够有目的性地引导少先队员关注社会热点。③了解少年儿童群体的基本思想状况和心理需求。
	（2）关于少先队的知识	①熟悉各级少工委全会精神，根据全会精神落实少先队工作。②主动将少先队思想政治引导融入学校各项工作、活动中，能够将校内外各种活动资源为少先队工作所用。③参与省内少先队相关政策制度的制定起草，参与省级少先队重点工作设计，提出合理化的意见建议。
	（3）关于思想引领的方法	①具有少先队相关学科硕士研究生学历，或较为系统地参加过马克思主义哲学、教育学、政治学、心理学、社会学、组织行为学等学科教育。②熟悉不同年龄少年儿童的认知规律和特点，对不同年龄的队员开展思想引导都有很好的实际效果。③能够创造性地运用思想政治教育的各种方法。

维度	领域	基本要求
知识	（4）关于信息技术的知识	①能够运用信息技术，线上线下相结合地开展少先队活动。 ②参与开发与少先队工作有关的文化产品至少1个。
能力	（1）思想引领能力	①深入理解党的科学理论，能够通过形象化、情感化、榜样化的方式引导少年儿童自主了解、宣传党的希望与要求。 ②在宣传党的知识和成就方面有自己的特色和可被借鉴推广的成果。 ③能够在少先队活动中宣传团的基本知识。 ④能够不断开发、创新使用地区资源、校外资源传承红色基因，有较大影响。
	（2）少先队组织建设能力	①具有扩展党的青少年组织行为的自觉意识与工作能力，指导队员加强组织建设、开展组织生活和组织活动。 ②能够充分发挥少先队校内外阵地的作用，定期开展校外少先队实践活动，对少先队员开展思想政治引导。 ③能够创造性地开展少先队组织建设，引导少年儿童理解党的青少年组织行为。 ④能够指导队员创建特色少先队组织。
	（3）少先队活动的设计、组织、实施与评价能力	①能够制订与学校教育教学深度融合的少先队工作计划。 ②及时利用社会热点、国家大事、身边重要事项开展实践活动。 ③引导队员自主设计、组织、实施、评价少先队活动，在活动中突出思想政治引导，既有意义又有吸引力。

续表

维度	领域	基本要求
能力	（4）沟通与合作能力	①主动捕捉与校内外相关人员沟通的契机，获得校内外支持与参与。②主动与家长沟通，让家庭深度参与少先队工作。③与队员深入沟通，让队员深度参与到少先队的各项管理与决策事务。
	（5）研究与发展能力	①能够在总结反思的基础上提炼研究成果，在市级以上（含市级）范围内推广。②牵头完成省级以上少先队研究课题1个，或作为第一作者在少先队辅导员工作相关刊物上发表文章至少8篇或出版少先队工作专著。

（四）评审方式

1.个人申报。各学校（单位）在个人申报的基础上对照评选条件，充分酝酿，广泛听取意见，通过个人述职、报送材料、工作考核、群众评议、公示等流程，提出参评人选建议名单报评审组织单位。

2.笔试。评审组织单位对参评人选审核后，组织参评人选集中进行笔试。

3.面试。组织专家组，组织参评人选进行面试答辩。

4.评审。综合笔试、面试成绩，邀请各级少先队总辅导员、已具备上级专业级别的优秀辅导员、少先队工作专家、教育领域专家等组成不少于5人的专家组，对参评人选的材料进行评审，确定评审结果，并报上一级教育部门、团委、少工委备案。

（五）工作要求

各级教育部门、团委、少工委要结合本地实际情况，科学制定辅导员称号评审具体实施办法，有计划地开展评审工作。在每年10月13日建队纪念日授予各级少先队辅导员称号，并举办仪式，颁发证书。

第十章

少先队辅导员工作思路创新

第一节　当前少先队辅导员面临的新形势和新任务

一、少先队辅导员要看清当前形势，要以习近平总书记关于少年儿童和少先队工作的指导思想开展少先队工作

当前，国际局势云谲波诡，错综复杂。国外敌对势力对我国不断渗透，与我方争夺阵地、争夺人心、争夺下一代的斗争更加复杂严峻。广大辅导员必须认识到当前严峻的形势，提高政治站位，切实履行好职责使命，培养好担当民族复兴大任的时代新人。

习近平总书记关于少年儿童和少先队工作的重要论述是习近平新时代中国特色社会主义思想在少年儿童和少先队工作领域的集中体现，集中阐释了新时代少年儿童事业的政治方向、党的少年儿童事业的战略地位、中国少年儿童运动的时代主题、新时代少年儿童健康成长的正确道路、新时代少先队工作的职责使命，科学系统地回答了新时代培养什么样的少年儿童、怎样培养少年儿童、建设什么样的少先队、怎样建设少先队等战略性、根本性问题，指明了党的少年儿童事业的发展方向，为新时代少先队工作提供了根本遵循。因此，新时代少先队各项工作和建设必须全面贯彻习近平总书记的重要论述，坚定政治方向，勇担职责使命，深化改革攻坚，彰显儿童特性。

广大辅导员要明确新时代少先队工作必须紧跟全面深化改

革的形势，深入分析研究当代少年儿童的特点，深入分析研究社会环境的新变化，牢记少先队的根本任务，紧紧围绕增强少先队员光荣感这个关键目标，守正创新，改革少先队的工作理念和活动方式，不断提升少先队为党育人、为国育才的能力和实效。

具体工作中，广大少先队辅导员要从以往有意或无意的社会舆论中吸取教训，比如"五道杠""绿领巾""红校服""小干部竞选"等事件。这些事件对少先队工作或多或少地产生了一些负面影响，广大辅导员要吸取教训，总结经验，在以后的工作中坚决避免此类事件的发生。

二、要明确少先队新时代的任务

（一）少先队根本任务的主要内容

少先队组织的根本任务是要引导少年儿童有爱心，养成良好的道德行为习惯，增强国家意识、科学意识、劳动意识、审美意识，还要锻炼强健体魄，培养良好心理素质；要特别注重党、团、队组织意识和教育内容的衔接，灌输培养少年儿童对党和社会主义祖国的朴素感情。

要准确把握中国特色社会主义教育体系的总目标。培养"合格建设者"，是与基本素质紧密联系的；培养"可靠接班人"，则与思想意识密切相关。少先队要处理好素质层面的任务与思想层面的任务之间的关系，把工作侧重点放在引导少年儿童形成一些健康、积极、向上的意识，形成社会主义核心价值体系所要求的重要意识，特别是灌输培养少年儿童对党和社会主义祖国的朴素感情。这并不是说，素质培养对于少年儿童不重要，少先队不需要开展这方面的活动，而是从我们作为党的少年儿童群团组织的角度，从市场经济条件下各类社会组织的根本功能的角度，既融入国民教育，又要和教育部门、学校以至社会教育机构各有侧重，发挥好自己的职能作用。

（二）要正确理解少先队的根本任务

对于根本任务，可以从两个层面来理解：在基本思想意识层面，从合格建设者的角度来看，少先队工作要强调帮助少年儿童形成一些重要的意识，以此支持未来形成良好的素质。我们的工作和活动只有把握住这一点，形成教育功能，才能有生命力。要通过引导少年儿童有爱心，养成良好的道德行为习惯，增强国家意识、科学意识、劳动意识、审美意识，锻炼强健体魄，培养良好心理素质，把民族精神和时代精神、社会主义核心价值观的要求落实到少先队工作中，帮助少年儿童形成积极健康向上的生活态度，培养良好的思想道德品质。

这项工作是我们基层辅导员过去比较擅长和广泛开展的一项工作、活动。很多的工作、活动实际上就是围绕着素质教育来开展的。少先队的工作不同于传授知识和技能，更重要的是让孩子形成一种意识，比如培养科学意识，不是教会他掌握科技技能去参加一项科技比赛，而是培养孩子热爱学习、实事求是、探索创新的精神；比如培养劳动意识，不是教会他掌握具体的劳动技能和方法，更侧重于培养热爱劳动、尊重劳动、尊重劳动者，劳动光荣、劳动创造财富的观念。这才是我们需要把握的基本层面的重点。

在最重要的思想意识层面，要强调少年儿童的政治启蒙。国内外许多理论和实证表明，少年儿童时期形成的政治取向会永远留在心里，并在成年后表现在政治行为上。根据少年儿童认知、情感、意识、行为形成的一般规律，这一时期还不可能形成成熟的、坚定的思想，所以少先队要培养队员对国家、对党和人民的朴素感情。朴素感情是发自内心的、真心实意的情感，比如相信"共产党好、社会主义好、伟大祖国好"，认同少先队，向往党和共青团等等。这是根本任务中最重要的内容，所以我们始终不能动摇、不能含糊、不能放弃、不能遗忘。

（三）要加强对少先队根本任务的理解

少先队的根本任务是由少先队的组织属性决定的。而组织性质是任何一个组织首先要把握的基本理念。

少先队作为全体少年儿童的组织，有着儿童性、群团性、自主性、政治性、教育性的基本特点。儿童性是少先队最基础的组织属性，政治性（思想性）是少先队最本质的组织属性。少先队工作必须把握好儿童性和政治性（思想性）的统一，既要尊重少年儿童的主体地位，竭诚为少年儿童健康成长服务，更要巩固党的执政基础，为培养党的事业合格建设者和可靠接班人发挥不可替代的作用。

少先队是党创立和领导的少年儿童的群团组织，对照党章、团章和队章，可以这样形象地理解：中国共产党是先锋队，共青团是突击队，少先队是预备队。我们的队旗是星星火炬，星星代表中国共产党，火炬代表光明；我们的红领巾是红旗的一角，而红旗是党的事业的象征。这些都说明，少先队不是一个一般的少年儿童组织，是一个政治性、思想性很强的少年儿童群团组织。少先队辅导员需要强化身份意识和责任意识，认识到自己不仅仅是一名任课教师，更是一名党的少年儿童工作者。特别是当前，我国正处在改革发展的关键时期，处在百年未有之大变局的关键时期，社会思想意识多元、多样、多变，形成全民族全社会的统一意志，对于全面建成小康社会、实现中华民族伟大复兴非常重要。这就要求我们站在巩固党的执政地位、实现党的执政使命的高度，牢牢把握少先队组织属性，落实好少先队根本任务，努力为党和国家的事业赢得未来，培养可靠接班人。

在具体工作实践中，有一种错误倾向是仅仅把少先队看作是一个普通的少年儿童组织，忽视少先队最根本的组织属性。我们对少先队的政治性、组织性、实践性、思想性一定要有坚定的立场，不能在五彩缤纷、丰富多彩的活动过程中忘记少先队的组织属性，丢掉根本任务。

（四）要明白少先队工作与学校德育工作的联系和区别

有些人提出，基础教育阶段中的德育也进行思想道德教育，许多学校的少先队大队辅导员还兼着德育副主任，少先队工作与学校德育是不是一回事？应当说，少先队工作与德育工作是密切联系、相互促进的。两者有共通的地方：首先，两者培养的方向是一致的，都是围绕着培养我们党的事业的合格建设者和可靠接班人这个目标来进行的；其次，两者都培养孩子对我们政党、政体和制度的认同，对坚定他们的信仰做一些思想意识的引导和铺垫。但两者在体制上有不同安排，在教育内容上有不同侧重，特别是在教育方式上有各自的路径，彼此不可替代。

第一，少先队是党做出的一项重要政治安排。我们党在中华人民共和国成立伊始就亲手缔造了全国统一的少年儿童组织。建队70多年来的实践证明，这种安排符合党的事业长远发展的需要，符合中国国情，是中国特色社会主义制度的组成部分，是十分重要的。这是两者在体制上和制度设计上的不同。

第二，在教育内容上，少先队重视政治社会化功能，塑造孩子正确的政治价值取向的组织意识，更加注重思想层面的教育引导，有自己独特的侧重点。最新版的义务教育《品德与社会课程标准》中，主要是讲健康、安全、负责任、有爱心的生活，动脑筋、有创意的生活，学会关心、学会爱，养成良好的品德行为习惯，为孩子成为爱祖国、爱人民、爱劳动、爱社会主义的公民打下基础。这跟少先队的基本层面有一些交叉。中、高年级，主要是以学生良好品德的形成为核心来促进学生社会性发展，包括"我们的健康成长""我们的家庭生活""我们的学校生活""我们的社区生活""我们的国家"等等。义务教育《思想品德课程标准》中，明确提出思想品德课程是一门引导和促进初中学生思想品德发展的综合性课程。而少先队重在政治启蒙教育、价值观塑造组织意识养成。因此，德育和少先队教育有交叉，但是有不同的侧重点。

第三，在教育方式上，少先队教育以组织生活和集体活动为基本方式，坚持"孩子为主，老师为辅"。少先队更加注重孩子们自我管理、自我教育、自我服务，这与课堂教学和学校管理活动是不同的。

（五）落实少先队根本任务的方法

组织属性、根本任务在很大程度上要通过基本职能来实现。团结、教育、引导少年儿童是少先队组织的三项基本职能，要通过增强工作的普遍性、针对性和适用性来有效履行。

第一，履行团结职能，必须注重普遍性。要扩大少先队组织的覆盖面，增强少先队基层组织活力，从而达到把全体少年儿童组织起来的目标。这几年，各省、市开展的大型活动不太多，一年基本上只有"六一"和"十·一三"组织大型活动，其他时间都由基层辅导员和大队、中队自行组织，有足够的自主空间。当然，少先队组织还应注意覆盖到一些比较偏远的农村学校，不然组织的普遍性就不会完全得到体现。

第二，履行教育职能，必须注重针对性。要按照争当"五好少年"的目标要求，依托少先队组织体系开展的有计划、有步骤、可检验的系统性活动，进行少年儿童做人的基本品格、素养的教育，重点是爱党、爱国、爱社会主义的教育。教育的职能主要是围绕根本任务来开展。当前，少工委开展的大型的主题活动，比如"六一"和"十·一三"，基本上围绕着"红领巾心向党"的主题。各地虽在形式上、方式上和侧重点上有所不同，但都围绕"灌输培养少年儿童对党和社会主义祖国的朴素感情"这一项重要的内容。

第三，履行引导职能，必须注重适用性。要遵循少年儿童认知、意识、信念、情感形成的规律，结合全国少工委出台《少先队活动课程指导纲要（2021年版）》，运用艺术、时尚、情感元素和信任、友谊、伙伴等因素探索时代感强的载体，向少年儿童灌输培养重要的思想意识。

1.通过歌曲：童谣、儿歌、流行音乐。

2.通过美术：动画、动漫。

3.通过语言：讲故事、朗诵、演讲。

4.通过体育：舞蹈、武术、体操。

5.通过手工：剪纸、泥塑。

6.通过组合活动：联欢会、鼓号队、献词。

根本任务是少先队工作的思想逻辑。当前，落实好少先队组织的根本任务，从工作部署来看，主要体现为三项建设。第一是少先队学科建设。第二是少先队活动课程建设。第三是辅导员队伍专业化、职业化建设。其中，学科建设主要是提供理论支撑。少先队活动课程建设承载着少先队的实践载体。辅导员队伍专业化、职业化建设是提供人才保障。

第二节　加强新时代少先队活动课程建设

一、少先队活动课程要与时俱进

（一）少先队活动课程要适应新形势，落实新要求

2021年12月17日，《少先队活动课程指导纲要（2021年版）》出台，《少先队活动课程指导纲要（2021年版）》的修订过程始终围绕把握新时代少先队工作的新形势，探索应对新时代少先队工作面临的新挑战，落实习近平总书记对少年儿童提出的新要求，坚持培育共产主义接班人的根本任务，坚持把增强少先队员光荣感作为工作主线，坚持组织教育、自主教育、实践教育相统一，坚持与时俱进、改革创新，自觉强化少先队活动课程建设的政治担当。[①]

（二）少先队活动课程要突出主责主业，培育核心素养

《少先队活动课程指导纲要（2021年版）》突出"政治性"，丰富和拓展少先队活动的形式和内涵，提升少先队活动的育人质量。

1.少先队的性质决定少先队活动课程应"聚焦少年儿童政治启蒙和价值观塑造"。少先队活动课程应从面向未来培养"红孩子"的课程功能定位出发，依据新时代少先队员的核心素养设计开展活动。

---

① 赵国强：《少先队活动课的"魂""研""桥"》，《少先队活动》2014 年第 1 期。

2.根据少先队社会化发展要求，《少先队活动课程指导纲要（2021年版）》首次提出少先队活动课程"协同教育"的课程形式，少先队活动课程建设要灵活动员各类社会资源参与。

3.发挥少先队组织优势，找到少先队组织教育与传统的集体活动之间的区别和联系，用组织教育的形式开展集体主义教育，将集体主义精神和共产主义道德的培养作为培养共产主义接班人的重要方式，促进少先队集体建设与少年儿童个性全面发展的辩证统一。

4.充分发挥少先队实践教育优势，充分发挥少先队实践活动在培育少年儿童爱党、爱国、爱社会主义、爱人民、爱集体等朴素感情方面的重要作用，通过榜样学习、沉浸体验、同感共受等方式，强化少先队员为共产主义事业时刻准备着的情感定向。

5.少先队活动课程应坚持与时俱进，通过创新与少先队员生活密切联系的情景活动、设计制作、项目研究、社会服务、思辨讨论等学习方式，推动少先队活动课程的不断改进与完善。

（三）少先队活动课程要完善引导思路，构建课程目标

贺军科同志在全国少工委八届二次全会讲话中提出，加强少先队活动课程内容体系建设。受此启发，《少先队活动课程指导纲要（2021年版）》修订组成员认为少先队活动课程的内容体系应当包括政治教育、组织教育、共产主义道德教育等各个方面。[1]

---

[1] 杨一鸣、陈星辰：《解读（2）|〈少先队活动课程指导纲要（2021年版）〉主要修订内容》，"中国辅导员"微信公众平台2022年2月21日，https://mp.weixin.qq.com/s/2U8HHQX5Zhfhnud3gqst7Q，访问日期：2022年6月1日。

从教育学视角，《少先队活动课程指导纲要（2021年版）》修订组成员将少年儿童政治启蒙教育中的情感发展基本过程进一步描述为：看到—感受—追求。

首先，要有具体形象所构建的参照情境的支撑，让少年儿童产生亲近感，消除陌生感、距离感。

其次，通过展示具体事实，借助具体语词、概念来捕捉具体的情感含义，引导少年儿童产生情感上的认同，形成初步的、不以对政治名词的理解为基础的政治意识。

最后，通过理性辨析，借助更多抽象概念，产生较深刻的情感反应和理性认知。随着这些深刻的情感反应和理性认知在少年儿童精神层面进一步沉淀、固化，逐步形成基本的政治品格和政治追求。

《少先队活动课程指导纲要（2021年版）》明确少先队活动课程以培养新时代少先队员"理想信念、政治认同、组织意识、道德品行、精神品质"等核心素养为目标，包括正确价值观、必备品格和关键能力三个方面。

对应核心素养的内涵，整合课程建设的内容维度、"形象加工—具象加工—抽象加工"的形式要求以及"思维结构—行为结构—体验结构"的功能维度，将这三个维度作为少先队活动课程目标建构的基本指向，针对"政治启蒙、组织认同、道德养成、全面发展"等四个课程模块分别提出相应的总目标和分学段目标。

《少先队活动课程指导纲要（2021年版）》中明晰了少先队活动课程定位，努力确保每周1课时的少先队活动时间得到真正落实。同时，落实《中共中央关于全面加强新时代少先工作的意见》精神和团中央、教育部、全国少工委相关政策要求，对辅导员队伍保障等做出了具体规定。

《少先队活动课程指导纲要（2021年版）》还注意为基层少先队组织课程实施"留白"，强调突出地方特色，鼓励基层辅导员根据实际情况，主动开发和利用地方课程资源，让课程联通少年儿童真实的生活经验，为少年儿童创造印象深刻的成长记忆。

《少先队活动课程指导纲要》在经历了近十年的实施和探索后，实现了从"试行版"到"正式版"的"华丽转身"。

二、为什么要抓好少先队活动课程建设

少先队的活动课程建设是少先队一个外化的活动载体，或者叫行动载体。因为有了理论的逻辑，有了思想的逻辑，最后外化为少年儿童能够接受的活动载体，就是我们所说的课程的实践。怎么跟孩子讲党，怎么跟孩子讲社会主义，社会主义制度的优越性在哪儿，怎么看待我们国家发展中的优势和存在的问题，这些是辅导员要通过孩子们能够接受的语言和活动形式让孩子们去理解的。那么辅导员的专业化、职业化建设，就是为支持刚才所说的思想逻辑和理论体系，包括外化的行动载体来提供人才保障。这可不是个简单的事情，如果我们对这些问题把握得不是很深刻、很全面，就不一定能做好这件事。

团中央、全国少工委强调，要找到根本任务的落实载体，少先队要用少年儿童喜闻乐见的形式、丰富多彩的活动、易于接受的方式和语言来开展教育。建设少先队活动课程，要靠少先队组织根本任务、学科所形成的思想逻辑、理论体系，进而联系少年儿童，设计培养少年儿童重要思想意识的行动载体，

解决少先队组织根本任务的落实问题，也解决辅导员的职业生涯问题。[①]

要通过保证时间开展少先队活动，建设少先队活动课程。课程是国家意志和核心价值观的体现，居于学校教育的核心地位。在国家基础教育课程改革的大背景下，少先队活动课程将承载少先队活动中最稳定、最基本、最经典、最普遍的部分，将有力推动少先队教育的经常化、系统化、科学化，使八年的少先队经历成为影响孩子一生思想发展的重要教育过程。[②]

中小学少先队活动课程是重要的桥梁，它一头连着辅导员，一头连着少年儿童；一头连着高校"少年儿童组织和思想意识教育"学科专业，一头连着中小学教师职称"少先队活动"评聘科目。它为高校"少年儿童组织和思想意识教育"学科专业毕业生提供了必不可少的就业岗位，为中小学教师职称"少先队活动"评聘科目提供了专业性工作内容。[③]

少先队活动课程建设的必要性表现在以下几个方面：

第一，适当的教育频率是影响教育效果的必要条件。美国著名教育家本杰明·布卢姆的"掌握学习理论"认为："只要给足够的学习时间和适当的教学，几乎所有的学生都可以掌握所有的学习内容。"中小学各科教学都有固定的课时，从而有效地保障了学科教学任务的实施。如果少先队连基本的、稳定

---

① 裴峰：《体验生成——让少先队活动课目标达成更有效》，《辅导员》2016 年第 30 期。
② 裴峰：《体验生成——让少先队活动课目标达成更有效》，《辅导员》2016 年第 30 期。
③ 裴峰：《体验生成——让少先队活动课目标达成更有效》，《辅导员》2016 年第 30 期。

的教育时间都无法保障，教育效果就无从谈起。

第二，系统性的课程规划是提高少先队教育质量的基本要求。课程具有渐进性。少年儿童在不同的成长时期，有着不同的心理生理特点，需要由浅入深构建分层教育体系。许多一线辅导员们很热爱少先队，但多年来确实有许多基层辅导员是凭热情、凭经验、靠感觉开展活动，不是所有的辅导员都能保证良好的教育效果。因此，对少先队活动系统规划，对少先队活动进行认真梳理、归纳、总结，形成科学的课程体系十分必要。

第三，课程资源是少先队教育的有力保障。因为课程有教学器材、教学用书、评价激励手段、教学研究等资源支持，能够更好地支撑少先队教育。同时，课程是教师专业性的具体体现，能够支持辅导员职称科目。它是整个少先队工作极为重要的立足点和支撑。

三、少先队活动课程建设的基础

第一，有丰富的实践基础。少先队活动课程不是零起步，长期以来学校里有队会课，有一支专职的大队辅导员队伍和活动，已具备活动课程的各要素，比如独特的性质、目标、内容、实施途径、手段和评价等等。

第二，有活动课程的先例。在以前，中小学的课程只有一类，就是语文、数学、英语、音体美，以课堂教育为主。

《少先队活动课程指导纲要（2021年版）》根据《中共中央关于全面加强新时代少先队工作的意见》精神，对少先队活动课的课程性质做了新的界定。将课程实施方式由少先队"特有的组织形式、集体生活和活动方式"修订为"以实践教育为基本形式"。要求少先队活动课程注重丰富和拓展实践教育的内容、路径和方式，提升育人实效。越来越多地鼓励学科课程到教室外面去上，到社会大课堂去上。所以，开设少先队活动课程，符合中小学课程日益多样化的趋势。

第三，一直以来，教育部门重视少先队工作，课程设置方案中大多对少先队活动时间做了规定。一段时间以来，针对基层客观存在的少先队活动时间难落实的问题，有关部门多次与教育部门进行沟通和争取。在中央的关心下，教育部在第九次基础教育课程改革中，将在《义务教育课程设置方案》里明确"少先队活动"为国家规定的必修课，每周1课时。这为建立少先队活动课程提供了坚实保障。

四、少先队活动课程的性质和特点

《少先队活动课程指导纲要（2021年版）》（中少发〔2021〕3号）明确指出，少先队活动课程是少先队突出组织属性，以实践教育为基本形式，对少年儿童进行政治启蒙和价值观塑造的跨学科实践性课程。所以说，政治性、组织性、实践性和儿童性是其根本属性。

有不少辅导员担心，少先队活动成为一门课程后，会不会变成一堂枯燥的课？会不会减少少先队的灵活性和创造力？实践证明，有了少先队活动课以后，少先队活动天地更大了，少先队教育内容更丰富了。

第一，少先队活动课程不是课堂教学而是活动教育。少先队活动课程具有鲜明的政治性和实践性，是以少年儿童思想意识教育为内容，以少先队独特的组织生活和活动机制为教育形式，运用艺术、时尚、情感等元素系统开展活动，不是课堂教学，不能将学习学科知识作为少先队活动课的课程目标。

第二，少先队活动课程不是增负而是减负。2021年7月24日，中共中央办公厅、国务院办公厅印发《关于进一步减轻义务教育阶段学生作业负担和校外培训负担的意见》。国家义务教育课程改革精神和方向，一般性的知识教育要往下减，对终身有价值、有意义的知识和方式要增加。少先队活动不会给中小学生增加任何学习负担，我们鼓励少年儿童积极参与主题鲜明、丰富多彩的各类活动。在活动中，他们将进一步解放身心，得到不同程度的感悟和锻炼，实现健康成长。

第三，少先队活动课程的评价方式不是考试而是激励。少先队活动课程既不布置书面作业，也不进行考试，坚持正面教育和多元评价，通过一枚枚"红领巾奖章"，鼓励少年儿童通过定章、争章、评章、颁章、护章，不断为自己确立新的目标，看到自己的进步，证明自己的成功。[①]

从教育意义上讲，少先队活动课程具有很强的思想性、创造性、开放性、生成性和自主性。

思想性体现在：少先队活动课程不仅仅是形式丰富多彩，更不是简单的蹦蹦跳跳，背后渗透着社会主义核心价值体系要求的一系列重要思想意识，要求始终围绕着少先队组织根本任务来实施。

创造性体现在：少先队活动课程有基本的教育手段，但具体实现方式没有被框住，鼓励辅导员和队员充分发挥创新性思维。

开放性体现在：少先队活动重视抓住社会事件、重大活动

---

① 《让红领巾更加鲜艳》，《中国青年报》2021年2月4日。

等教育契机，教育内容具有较强的灵活性，可以随着社会生活的变化做必要调整，与时俱进，与时代同步发展，密切联系。

生成性体现在：尽管少先队教育活动开始前都有精心的设计，但是教育过程却不是机械的执行过程。随着活动的展开，可以在不偏离预设教育目标的前提下，不断生发新的灵感和创意，使队员的认识和体验不断加深。

自主性体现在：少先队活动课程是引导少年儿童在辅导员的指导下自主设计、开展的实践活动，少年儿童在活动中主动获得关于政治和组织集体、社会和国家的真实体验和感受。辅导员在教育过程中，不是说教者，而是指导者。辅导员运用各种活动形式，帮助少先队员通过自主实践和积极思考，从而实现自我管理、自我服务、自我教育。

《少先队活动课程指导纲要（2021年版）》在《少先队活动课程指导纲要（试行版）》中的"政治性""儿童性"的基础上，增加了组织性和实践性。强调少先队活动课要彰显组织育人优势，增强少先队的光荣感和组织归属感；要求少先队活动课注重丰富和拓展实践教育内容、路径和方式，提升育人实效。

五、建设少先队活动课程要做好以下工作

抓好少先队活动课程建设，应当做到"三个要"。

第一，要落实课时。国家层面上已经同意在国家课表里面设一周一节课，但是真正落实到学校的课程表上，还需要相关人员一起努力。新的国家课表出台后，要推动同级教育部门纳入本级课程安排，并积极争取在地方课程中增加少先队活动时间。通过联合开展督导，保证基层学校专课专用，指导基层辅

导员充分用好这1课时。

第二，要用好纲要。全国少工委《少先队活动课程指导纲要（2021年版）》已经出台，有的省、市编辑出版《少先队活动课例选编》，将作为课标性文件颁布，明确少先队活动课程的指导思想、目标、性质、基本活动内容、活动标准、实施路径、评价方式、课程保障。在此基础上，各地结合实际加以具体化，规范和指导少先队活动课程的实施。

第三，要争取保障。要努力寻求教育行政部门和学校的支持，通过相关途径挖掘各种资源，落实经费、教辅资料和器材等配套资源。

广大基层辅导员在少先队活动课程建设中起着至关重要的作用。课时能否用好，教育内容能否实施，都要靠广大基层辅导员来最终落实。辅导员们应深入学习和领会《中共中央关于全面加强新时代少先队工作的意见》和《关于构建新时代少先队社会化工作体系的实施意见》等文件精神，在此基础上积极寻求支持和保障。一是要争取校长支持。借助上级团委、少工委的力量，把少先队活动课时落实到学校课表上。二是要认真做好活动设计。要和少年儿童的生活经验相结合，加强活动设计，既要强调思想性，也要重视道德教育和实践养成。少先队活动课程是开展活动，不是课堂教学，不能变成讲课。同时，广大基层辅导员要发挥主动性、创造性，使有意义的活动变得有意思。比如创新、推广入队仪式、"珍藏红领巾"换巾仪式、"奔向共青团"离队入团仪式，让家长见证孩子入队、离队入团的光荣时刻，在团旗、队旗下合影留念，赠送成长寄语。这综合运用了少先队礼仪文化、教育氛围营造、借助家长等重要人物影响等多种教育手段，既富有亲子的温情，又极具感染力，在队员的心里留下了深深的印记。三是要用好文化产品。文化产品是深受少年儿童喜爱的教育载体，图书、音乐、图画、视频、动漫、故事等文艺产品有着很好的教育效果。我们要了解和掌握这个时代孩子的特征，就必须注重载体和路径的建设。比如，习近平总书记致中国少年先锋队第八次全国代表大会的贺信的内容，如果我们选取有关内容编成歌曲，编成图书、绘本，编成连环画、动漫视频，更易于让孩子理解和记住。全国少工委邀请有关专家创作了8首"五好少年"歌曲并制作MV，制作了6首"红领巾心向党"歌曲及MV，济南出版社出版了《极简少年中国史》《中国孩子红色励志经典》《第一条红领巾》等图书……伴随着少年儿童喜欢的旋律、图画和文字，孩子们就轻松地记住了。本地资源是开展少先队活动的资源宝库，比如人文资源、红色资源等等，只要发挥主动性，它可以无处不有。一名出色的辅导员，应当善于发现和借助文化资源，发挥少年队报纸、杂志、传统革命故事、"红色研学"的作用，在少先队活动中广为运用和推广。四是要扎实推动教研。以大队辅导员为主，吸收年级辅导员、中队辅导员成立教研组，对少先队教育的内容、方式、途径进行研究。通过教案交流、课题研究、发表论文等方式，不断提高少先队教育科研能力。

少先队教育包括但不限于少先队活动课程，还要善于用好各种课时和非课时的时间段，充分利用综合实践课、德育课、晨会、升旗仪式、大课间、自由活动时间和假期开展活动。

第三节　少先队辅导员的职业素养提升和职称评定优化

一、辅导员队伍职业素养的提升

提高辅导员队伍职业素质是辅导员开展少先队工作的保障。针对少先队辅导员在工作中遇到的问题，结合其自身发展的需求，少先队辅导员提高职业素养主要借助如下三种途径。

（一）理论学习

通过专家讲坛、专题论坛和经典品读等，学习基础教育和少先队先进理念及相关理论，把握前沿成果，提升理论修养，开阔学术视野。

1.政策解读。

针对教委、团委系统出台的文件精神、会议精神进行政策方面的解读，从而把握国家群团改革和教育发展全局，并根据现阶段的主要任务和中心工作，开展各项少先队工作。

2.专家讲坛。

组织专家学者在把握各级少工委的工作思路和学校少先队工作走势的基础上，大力推进少先队理论研究和实践创新，激发辅导员的积极性和创造性，提升辅导员的理论水平，推进少先队工作的全面发展。

（二）实践探索

根据少年儿童身心发展特点、辅导员的实际需求、带头人的专业特长和辅导员的培养方案，通过学习观摩、技能技巧培训、热点探讨等实践性活动，着力突破发展瓶颈，提升实践能力。

1.实务操作。

以提升辅导员的自身能力为出发点和落脚点，通过具体可操作性的能力训练和培养，使辅导员学以致用，增强自身素质。如由少先队名师将少先队的各项品牌活动分解为操作性强的若干步骤教授给大、中队辅导员，使大、中队辅导员在培训后即可用于实际的工作中，从而规范基层少先队的各项活动，全面活跃基层少先队组织。

2.活动体验。

观摩典型学校、社会实践基地，并体验各类实践活动，全面了解学校少先队的文化建设、组织建设和活动建设中的宝贵经验和先进做法，加强基层学校少先队工作中新思路、新做法的学习和交流，创新各项活动的形式。

（三）科学研讨

辅导员可围绕当前少先队工作中亟须解决的问题，结合实际工作中的热点、难点及典型案例，着眼各级少工委下发的研究课题，凭借自身特点和案例资源丰富的优势，自主设立研究课题，邀请专家指导，开展针对性课题研究，不断提高自身的科学研讨能力。

1.科研综述。

通过学习基本理论与研究方法，培养较为敏锐的科研意识和初步的科研能力，并通过以问题为本的互动式课题研究，基本掌握课题研究的一般流程，从而找到一条提高自身素质和教育质量的便捷之路，做学习型、科研型、创新型的辅导员。

2.专题论坛。

各级辅导员之间可以加强工作交流和思维碰撞，将少先队发展史、基层少先队组织中的经典案例，通过学习、讲述和角色扮演的形式进行呈现，由少先队名师、优秀基层辅导员进行个案评析，培养对少先队工作的理性思考，从而提高自身素质和修养。

二、少先队辅导员的职称评聘

从制度性和长期性角度来看，职称评聘是事关辅导员队伍积极性和工作深度的重要抓手。根据目前国家中小学教师职称改革的方向，今后中小学教师最高可以评上正高级职称，相当于正教授。职称对辅导员具有很强的现实意义，它对辅导员的学术地位、经济待遇和社会评价的影响越来越大，从某种意义上说，也成了辅导员职业选择主要的衡量因素，成为辅导员最为关心的内容。推动辅导员职称评聘，有利于引导大家全身心投入工作，寻求内心对少先队事业的认同感和归属感。

少先队辅导员职称评聘主要是采取"单设为主，折算为辅"双线并进的思路。第一，辅导员职称单列。主要是在中小学教师职称评聘中，像语文、数学、音乐、体育、美术那样，单设一个"少先队活动"科目，做好少先队辅导员与科任教师类似的激励机制设计。它使辅导员从事的少先队工作像其他学科一样，在职称方面获得同等尊重和肯定；有利于突出少先队专业性的优势；可以为辅导员提供一个实现终身职业发展的平台。第二，成果折算。辅导员从事少先队的工作量和科研成果应该被纳入兼教科目职称评定。

第四节　少先队辅导员开展工作的创新思路

一、学习贯彻落实《中共中央关于全面加强新时代少先队工作的意见》

创新是一个民族的灵魂，是一个国家兴旺发达的不竭动力。创新的关键在人才，人才的成长靠教育。党的十八大、十九大报告多次提及"创新""创造"等关键词，字里行间处处洋溢着奋斗的激情，时时闪耀着创新的火花。广大少先队辅导员和少先队工作者正逢青春之时、昌盛之世，肩负着"做少年儿童人生追求的引领者、实践体验的组织者、健康成长的服务者、合法权益的保护者和良好发展环境的营造者"的重要职责。笔者认为，少先队组织深入学习贯彻党的十八大精神，少年儿童是主体，辅导员是重点，创新是关键；创新是辅导员和少先队工作者适应新形势、开创新业绩的重要指针和不竭动力。

《中共中央关于全面加强新时代少先队工作的意见》于2021年2月3日公布，这是中华人民共和国历史上第一个以党中央名义下发的专门加强少先队工作的文件，对新时代少先队工作做出全面部署，这对于推动党的少年儿童事业高质量发展，对于团结引领广大少先队员为全面建设社会主义现代化国家、实现中华民族伟大复兴的中国梦时刻准备着，对于确保党和人民事业薪火相传、后继有人，对于红色基因代代相传，具有重大而深远的意义。

　　广大少先队辅导员要学习党的十八大、十九大精神，认真贯彻落实《中共中央关于全面加强新时代少先队工作的意见》。各级少先队组织应要求广大辅导员创新思维，聚焦主责主业，提升政治素质；明确岗位要求，配齐队伍；完善管理机制，规范成长发展路径；强化素质培养，促进能力提升；加强考核激励，提升工作积极性；强化组织领导，确保各项工作落到实处的基础上，创新性地开展少先队工作。

二、创新工作理念，引领少先队教育方向

　　少先队是党创立和领导的少年儿童群团组织，是少年儿童健康成长的摇篮，承担着为党的事业培养合格建设者和可靠接班人的政治使命。党的十八大报告关于"把立德树人作为教育的根本任务，培养德智体美全面发展的社会主义建设者和接班人""着力提高教育质量，培养学生社会责任感、创新精神、实践能力""让每个孩子都成为有用之才"等一系列重要论断是创新少先队工作理念之基。[①]少先队要在坚持政治性的前提下，更加尊重创新少先队组织的儿童性、自主性和发展性。

　　一是创新服务要面向少年儿童。"一切为了孩子，为了一切孩子，为了孩子的一切"，讲孩子话、让孩子讲话、为孩子说话，倾听孩子们的心声、关注孩子们的成长、满足孩子们的愿望，不抛弃、不放弃每一个"弱势群体"，让全体孩子"同在蓝天下，城乡共发展"。2021年重庆市少工委组织开展的"冬日阳光·温暖你我"新春关爱行动就很有创新服务意识。这项活动以少先队辅导员、志愿辅导员为主体，借助微信公众

---

① 万欣：《新时代少先队工作方式改进研究》，硕士学位论文，山西大学，2021。

号、微博、抖音、快手等方式面向农村留守儿童、农民工子女等特殊困难群体征集个性化新年心愿，并通过志愿辅导员自行车骑行、家访等宣传造势，面向社会招募爱心人士"手拉手"来满足孩子们个性化的新年心愿。

二是创新管理要依托少年儿童。让孩子们成为队组织的主人，"自己的活动自己搞，自己的事情自己管，自己的伙伴自己帮，自己的进步自己争"，真心实意、自主积极参与少先队各项工作和活动，倡导"人人都平等、人人是主人、人人能创造"的文化氛围，让广大少先队员在民主和谐、自尊自信的浓厚氛围中全面发展。在广泛施行少先队小干部"轮岗、竞岗"的基础上，结合团中央等各部委《关于构建新时代少先队社会化工作体系的实施意见》要求，有的省、市已出台《关于在中小学建立学校少工委的实施意见》，明确要求学校少工委一般由学校主要领导、少先队员、少先队（志愿）辅导员、家长代表及关心少年儿童工作的热心人士共同组成，委员规模以不超过10人为宜。学校少工委由民主选举产生，一般设主任、副主任各1名，少先队总辅导员（兼任少工委办公室主任）1名；建立学校少工委定期述职制度。建立学校少工委其要义是进一步提升少先队在学校整体工作的重要地位和影响，更为重要的是体现孩子、尊重孩子参与少先队的指导与管理。目前，全国各地大都已经建立学校少工委。

三是创新建设要针对少年儿童。根据少年儿童诸方面不断变化发展的实情，大力提倡敢为人先、勇于探索的精神，大力倡导知难而上、百折不挠和宽容失败的精神，丰富、研究和推广《少年儿童组织与思想意识教育》基本理论，完善少先队学科建设体系，夯实学科地位，推动少先队工作持续长远发展。当前，全国已有部分地区充分发挥高校资源，成立少先队教育研究中心、辅导员培训基地，开发活动课程体系，开展工作调研，全面推动少先队学科建设。同时鼓励基层辅导员理论研究热情，征集编辑出版《少先队活动课例选编》等指导书籍，进一步提高工作的理论性、实践性和针对性。

三、创新工作内容，丰富少先队教育内涵

少先队教育是推进素质教育中不可替代的重要力量，是培养队员创新精神和实践能力的重要阵地。在新的历史条件下，创新少先队工作内容，集中体现在要把握好少先队根本任务中的两个层面：

在思想层面，要特别注重灌输培养少年儿童对党和社会主义祖国的朴素感情，注重党、团、队的组织意识衔接，通过少年儿童喜闻乐见的方式、丰富多彩的活动和易于接受的语言，引导少年儿童心向党、心向祖国，进而心向民族、心向人民。这是少先队教育与学校德育教育和其他社会组织儿童工作的侧重点。[1]

在素质层面，要按照《中国少年先锋队章程》（中国少年先锋队第八次全国代表大会2020年7月24日通过）的要求，引导少年儿童有爱心，养成良好的道德行为习惯，增强国家意识、科学意识、劳动意识。引导少年儿童有爱心，把爱人民的理念具体化，学会关心他人，做事能想到他人，从小爱父母、爱老师、爱身边的人，进而延伸成对中国人民、中华民族的感情。

---

[1]《让红领巾更加鲜艳》，《中国青年报》2021年2月4日。

增强国家意识，引导少年儿童爱祖国，认识到自身的生活和未来成长与国家紧密相连。增强科学意识，培养少年儿童形成爱学习的好习惯，把他们的好奇心、想象力转化成探索创新的意识和能力。增强劳动意识，让少年儿童懂得劳动创造财富、劳动创造美好生活的道理，从小养成尊重劳动、勤劳节俭的好习惯。同时，要注重引导少年儿童锻炼强健体魄，培养良好心理素质。[1]

当前，贯彻落实好根本任务，要重点在三个方面创新：

一要创新出台政策。要结合实际，深入贯彻落实《少先队活动课程指导纲要（2021年版）》精神，创新出台有关配套性政策，严格落实国家规定的必修的活动课安排，让少先队活动课进入学校、进入教研组、进入课表，纳入教育行政部门对学校的教育督导之中；同时争取教育行政部门支持学校利用寒暑假、双休日开展春（秋）游、夏（冬）令营等实践体验活动（集体活动由同级教育行政部门或团委、少工委审批同意），统一合理利用少先队活动课外时间，确保少先队活动有效时间。

二要创新工作规范。要突出少先队活动和实践特色，紧密结合全国少工委出台的《少先队活动课程指导纲要（2021年版）》，科学设计少先队活动课的内容和形式，规范少先队活动课基本内容。要重点做好少先队辅导员的职称评聘工作，细化职称评聘流程、标准、指标；同时提高少先队辅导员职业技能竞赛活动的影响力和权威性，促进辅导员队伍专业化职业化建设。

---

[1]《让红领巾更加鲜艳》，《中国青年报》2021年2月4日。

三要创新工作领域。要借团中央等各部委《关于构建新时代少先队社会化工作体系的实施意见》的契机，切实加强少先队活动基地建设，充分调动社会各方面的积极性，挖掘各种社会资源，有效整合、利用各级各类校外教育机构，为少先队活动的开展提供必要的条件保障。[①]

四、创新活动方式，增强少先队教育实效

开展活动是少先队生命力的重要体现。当前，随着我国经济社会的深刻变革，当代少年儿童的成长环境和群体特征发生了很大变化，少先队工作面临许多新情况、新问题，迫切要求少先队组织创新活动方式、转变工作方法。

一是深化活动目标。坚持解放思想，把握本质，敢于突破传统行为习惯、思维方式的束缚，找到更贴近实际、更贴近孩子的活动目标，不泛化、空洞化、概念化教育，力求把"大道理"转换为易于消化吸收的"小道理"，把"有意义"的活动搞得"有意思"。部分省、市少先队组织根据"五好少年"的总体要求，具体化为"五心"（把忠心献给祖国、把孝心献给父母、把爱心献给社会、把诚心献给他人、把信心留给自己）教育，并结合"'红领巾奖章'争章"激励体系，分年级分阶段地推进活动向纵深发展。

二是汇聚活动力量。坚持实事求是，从实际出发，研究和把握少年儿童的认知、意识、信念、情感形成的一般规律，在工作中力求实效。陶行知先生曾说："不运用社会力量的教育，便是无能的教育；不了解社会的教育，便是盲目的教育；

[①]《新时代少先队工作的行动纲领》，《中国青年报》2021年2月5日。

离开社会、家庭的教育是不完全的教育，更不可能是和谐的教育。"各地要在广泛成立学校、社区少工委的基础上，按照家庭、学校、社会"三结合、三促进"的模式，动员社会力量协同开展红领巾示范学校、红领巾体验教育基地建设，与学校少先队活动课同规划、同部署，学校小课堂与社会大课堂相结合，共建共享创建成果，并通过申报由上级共青团、教育行政部门、少先队组织验收考核命名。同时，对在创建中教育创新典型人物和典型经验进行广泛宣传，汇聚更多的创新推动力量。

三是转换活动载体。坚持与时俱进，在社会变革中发现和尊重当代少年儿童新的思维和行为特征，并将其充分体现在少先队的全部工作之中。既要看到真理本身的魅力，还要看到感情、信任、友谊在真理传播中的作用。要充分发挥新媒体和艺术、动漫、游戏、流行时尚等元素的作用，传播重要的思想内容，形成有效的活动载体。[1]可以联合省、市委宣传部、文明办、文化和旅游局、广播电视局等部委推动"红领巾之声""红领巾心向党 我与领巾共成长"等品牌活动。在时间安排上，主动适应学校教育教学进度安排，活动届次与学校学年一致，在两个学期分别举行，时间跨度为一年；在内容设计上与重大节庆、重要纪念日、重大工作部署相结合，规划红领巾"走进共青团市民学校"、红领巾"手拉手"关爱农村留守小伙伴、红领巾才艺秀（"少儿春晚"）、少先队辅导员职业技能大赛、少先队活动课展演、红领巾寻访体验、红领巾鼓号管乐队大赛、红领巾"创先争优"等七至八项活动，供学校少

---

[1]《新时代少先队工作的行动纲领》，《中国青年报》2021年2月5日。

先队员、辅导员分别选择参与；在活动机制方面，坚持市、区（县）、学校三级联动、呈递推动的机制，坚持主办、领办、申办的运行机制，积极运用青少年门户网站、QQ群、微博、微信公众号等信息平台，切实转变动员、联系和教育少年儿童的方式方法，不断扩大少年儿童思想教育的覆盖面。

五、创新制度机制，巩固少先队教育成果

学习贯彻党的十八大、十九大精神，贯彻落实《中共中央关于全面加强新时代少先队工作的意见》，推动当前少先队工作重点，破解热点难点，贵在创新制度机制。2021年4月25日，共青团中央、教育部、全国少工委出台了《2021—2023年全国少先队辅导员教育培训规划》，部分省、市教委、人社局出台《少先队辅导员管理实施细则》《少先队基层组织工作条例》制度，在开展辅导员"省、市培计划"的基础上，经过深入调研和积极争取，部分省、市已在基层学校建设少先队工作综合创新试验区，主要围绕探索少先队学科化建设、推进少先队辅导员专业化职业化发展、完善少先队工作协调督导机制等方面进行探索创新，重点在四个方面谋求新突破：一是创新辅导员职称评聘机制。一些地区已在中小学建立"单设为主，折算为辅"的辅导员职称双线晋升路径。应进一步探索在中小学教师职称评聘工作中，单设中小学教师职称"少先队活动"科目，并制定具体评聘办法、评聘标准，推动辅导员专业化职业化发展。如果一些辅导员能凭省、市"优秀少先队辅导员"和"十佳少先队辅导员"的身份破格晋升为小学高级教师的话，将会大大促进辅导员工作的积极性。二是创新队伍培养模式。区级总辅导员可由县（区）委组织部、县（区）教委、团县（区）

委、县（区）少工委联合从基层辅导员中选聘，由县（区）委组织部发文任命，享受不低于团县（区）委或教育行政部门中层副职标准的待遇，每任聘期至少为一年。聘期结束后，考核合格者作为教育系统副校级干部优先提拔任用对象。县（区）教委将辅导员培训纳入师资培训体系和继续教育体系，每年至少对辅导员轮训一次。三是畅通团、教沟通渠道，建立团、教互通信息制度，完善考核制度，将少先队工作纳入县（区）教委对学校工作实绩的年终考核。建立教委、团委、少工委领导交流任职制度，即由区教委副主任兼任区少工委副主任，团县（区）委副书记（分管少先队工作）兼任区教育党工委委员。四是争取经费保障。市、县（区）总辅导员应积极推动县（区）财政每年按照全区6至14岁少年儿童人口数，不低于每人每年3元的标准安排少先队工作经费，列入财政年度预算，少先队工作经费专项用于少先队主题活动、业务培训、教育研究等。

《中共中央关于全面加强新时代少先队工作的意见》鲜明宣示了"少先队是什么样的组织""少先队培养什么样的人"等基础性、本源性问题，对新时代少先队工作做出全面部署，这对于推动党的少年儿童事业高质量发展，对于团结引领广大少先队员为全面建设社会主义现代化国家、实现中华民族伟大复兴的中国梦时刻准备着，对于确保党和人民事业薪火相传、后继有人，对于红色基因代代相传，具有重大而深远的意义。①

中国特色社会主义事业是面向未来的事业，需要一代又

<hr>

① 《新时代少先队工作的行动纲领》，《中国青年报》2021年2月5日。

一代有志青年接续奋斗。国家的未来在创新，创新的希望在青年。当代少先队辅导员和少先队工作者身负伟大使命，正逢其时，只有扑下身子，踏踏实实带头学习党的十八大、十九大精神，真学、真懂、真信、真用，汲取正能量，高举理想之旗、树立奋斗之志、践行创新之举，真正贯彻落实《中共中央关于全面加强新时代少先队工作的意见》精神，我们的少先队事业才会迎来又一个大发展的春天。

第十一章

运用创新性思维开展少先队教育科研

　　当前，在"科研兴队"理念的指导下，少先队教育科研得到了迅速发展，各级少先队工作者和辅导员的科研热情空前高涨。但科研仅靠热情还远远不够，凡事都应讲方法，创新、科学地开展少先队研究工作也是如此。只有系统地掌握了教育科学研究中的基本理念和方法，才能通过科研解决少先队工作中遇到的新的困惑和问题，提高教育质量和工作效果，开创少先队工作的新局面。

第一节　少先队教育科研的特点及一般过程

教育科研是教育科学研究的简称，它是一种运用科学方法，有目的、有计划地探索教育规律的科学研究活动。少先队教育科研，则是教育科研方法在少先队工作领域的应用，是由少先队工作者为主，以少先队教育工作为主要研究内容，探索少先队工作领域有关的规律和经验的科学实践活动。

一、少先队教育科研的特点

教育科学研究是一种有目的、有计划的探索过程，而不是一种盲目的、随心所欲的活动。事先没有目的要求，心中没有计划，临时想到什么就干什么，然后写一个总结完事，这算不上真正的教育科研。除了有目的、计划性外，科研也必须具有创新性。创新性是一切科学研究的本质特征。教育科研的任务，不是去复述前人已解决的问题，而是在前人基础上，探索新的现象、解决亟须破解的问题。因此，目的性、计划性、创新性是一切教育科学研究都必须具备的三个特点。

就少先队教育科研来说，它除了具有上述三个基本特点外，少先队的性质、任务、特性，以及研究者的特点等决定了少先队教育科研还具有自己的特殊之处。

（一）以研究少年儿童组织教育为核心

科研总是从提出问题开始的。少先队科研提出的问题，需要围绕少先队的"团结、教育、引导少年儿童"三项基本职能开展，并不是所有关于少年儿童教育的研究都是少先队科研，如提升小学生数学课堂教学效果的研究就不是。少先队教育科研的主要任务是通过对少先队员、少先队工作者、少先队活动及其他少先队工作有关要素的研究，提升少先队工作的效果和能力。因此，少先队教育科研具有鲜明的少先队特色。

（二）以应用性研究为主

少先队科研的内容、目的及其研究水平等决定了它不是为了建立某个理论体系，不是从理论到理论的研究，而是理论联系实际、侧重于应用的研究。应用研究旨在直接解决某些特定的实际问题，表现为具体性和特殊性。少先队科研要研究的问题是少先队工作领域中特定存在的某些现象和问题，研究目的是通过某一实际问题的解决，促进少先队员的全面发展，提高少先队工作质量，改善和提升少先队辅导员的理论水平和工作能力。

（三）少先队辅导员是研究的主力军

大、中队辅导员是学校少先队工作的实践者，他们最熟悉少先队工作的规律，最了解少年队员的需求，最富有少先队工作经验，而且处在少先队工作的第一线。因此，具有得天独厚的开展少先队教育科研的条件和优势。

少先队的专家学者，教育学、心理学相关专业的科研人员也可能从事少先队领域的科学研究，但从目前的研究实践看，研究的主力军还是少先队辅导员。当然，从研究成果应用于实践的研究目的来看，少先队科研的主力军也应该是各级少先队辅导员。

（四）"校本科研"应用广泛

"校本科研"是指课题的选择立足于本校现存的问题，以教育教学过程中所遇到的各种具体问题为研究对象，研究的目的是促进本校相关工作的开展。纵观已有的少先队课题成果可以发现，学校少先队科研呈现的一个显著特点就是以校为本，立足本校少先队员的实际情况，立足本校大、中、小队的工作状况，立足于本校辅导员现有水平，由学校领导（一般是主管德育的副校长、德育主任）和大队辅导员组织和管理，由多名中队辅导员参加并具体执行研究计划。

"校本科研"将科学研究和学校、学生的发展很好地结合在一起，目的切合实际、明确具体，并具有较强的可行性等优势，不仅出现了一系列丰硕的少先队教育科研成果，也促进了辅导员队伍的专业化发展。

二、少先队教育科研的一般过程

根据以往经验，我们认为少先队教育科学研究的一般过程大致包括六个基本步骤：确定科研选题、查阅文献、进行研究设计、搜集资料、整理与分析、撰写研究报告。

选题是研究者选择和确定所要研究问题的过程，是一项研究得以开展的前提。确定问题后，研究者就需要根据有关理论、根据自己的知识经验和文献检索搜集到的有关资料、事实及该课题目前国内外研究的现状等，对所要研究的事物的本质和规律提出某些初步的设想，即研究假说。在此基础上，设计研究计划，明确研究方法、研究步骤，并制定具体的研究方案。研究方案犹如一项工程的施工蓝图，对于一项研究的开展具有重要意义。方案出来后，就进入到研究的实施阶段。实施研究的过程，就是使研究方案得到落实的过程。研究过程中我们通过各种途径获得大量文字或数据资料，但这些资料是庞杂无章的，不能直接说明问题，需要对它们进行适当的筛选、整理和分析。对资料和数据进行综合分析后，我们可以得出研究结论。这时候就到了撰写研究报告的阶段，把研究结果通过一定的形式表述出来后，一项研究就可以告一段落了。

第二节　如何选择少先队教育科研课题

　　爱因斯坦说："提出一个问题比解决一个问题更重要。"德国科学家海森堡也曾说过："提出正确的问题，往往等于解决了问题的大半。"对于少先队科研来说，提出问题的过程就是选题的过程。确定选题是一个课题开展研究工作的真正起点。选题决定了研究的对象、内容、目标，更决定了整个研究的方向。能否选择一个恰当的课题，直接影响了研究的价值和意义。因此，选题具有重大的意义，少先队教育科研必须重视选题工作。

一、选题的原则

　　一般来说，少先队科研课题的选择需要遵循以下四个原则。

（一）需要性原则

　　需要性是指少先队课题所具有的意义或价值，即所选择的研究课题对少先队教育工作存在的问题进行科学的回答并能对解决和改善这类问题具有启发、借鉴意义。扎根于少先队工作丰富土壤的少先队科研十分重视成果的应用和推广价值，这就决定了少先队科研必须满足少先队工作发展的需要。因此，需要性原则是少先队科研选题的基本要求，或者说是课题研究的导向。少先队科研选题要满足少先队员健康成长的需要、辅导员专业发展的需要以及少先队事业向前推进的需要。[1]

----

[1] 元琴：《少先队科研的选题原则》，《上海少先队研究》2015年第1期。

满足少先队员健康成长的需要。少先队员是处于6至14周岁的少年儿童，这个年龄段是人生发展的关键时期，是智力发展、人格形成的关键时期。少先队科研要解决这一年龄段的广大少年儿童成长、生活和学习中的共性问题、热点问题和重大现实问题。如针对少先队员假期生活"宅在家里、泡在网上"的现状，开展红领巾假期生活指导的实践研究；针对少年儿童责任意识普遍缺失的现状，开展少年儿童责任意识培养的研究。

满足辅导员专业发展的需要。广大少先队辅导员是少先队员的亲密朋友和指导者，是少先队工作的具体实施者和推动者。辅导员的专业发展是少先队事业发展的重要推动力。因此，少先队科研应满足少先队辅导员专业发展的需要，如中队辅导员队伍建设、辅导员工作评价指标体系研究等，提升少先队辅导员的专业发展和工作能力。

满足少先队事业向前推进的需要。少先队科研选题要紧紧围绕少先队工作的大局，关注党、团组织对少年儿童成长的要求和期待，关注全国少工委、少先队工作学会的最新指示和文件精神，把少先队事业不断推向前进。就当前来看，少先队活动课的建设和实施，少先队员的志向引导、创新精神的培养、社会主义核心价值观教育等应成为少先队科研的重点导向。

（二）创新性原则

创新是科学研究的灵魂，对少先队科研来说亦是如此。少先队科研的创新就是要发现与工作有关的新问题，解决新问题，总结新经验，探寻新规律，应按照新颖、独特和先进的要求选择课题。如果简单重复别人早已研究清楚了的问题，科研就毫无意义可言，更谈不上创新性。

就少先队科研课题来说，创新包括研究内容新、研究方法新和研究对象新等几个方面。研究内容新，是指以前人没有研究过的问题为课题，如少先队小干部的"小公仆意识"可能就是一项没有被提过的课题。研究方法新，是指用别人没有用过的方法，或者是在用过的方法中加入了新的元素。如少先队员主观幸福感的调查，已有调查往往由老师实施，如果改变这一常规，由孩子调查孩子，可能会得到更为真实的结果。研究对象新，是指课题的研究对象是鲜有被人研究过的。这在工作者、工作对象相对单纯的少先队科研中是较难的，所以这里的"新"的标准可以适当降低，如"利用新媒体创新少先队中队活动"、对某一社团成员开展的研究等都是可以的。

创新是所有科研工作的共同追求，但对"创新"我们应有不同的理解。别人从未做过的是创新，外地做过但本地尚未根据本地区地域特色开展的活动也是创新性课题，如外来务工子弟学校开展的"队员自主养成好习惯的研究"。此外，在他人经验成果基础上的再创造、改进和发展也是创新。如在"红领巾奖章"争章活动的基础上开展的校本争章研究、学校少工委的建设研究也是创新。

（三）科学性原则

科学性是任何一项课题研究都必须遵循的基本原则。少先队科研选题必须符合科学原理和教育规律，应在课题有关的各种专门学科的科学理论的指导下选择调研课题。

广大少先队辅导员工作在少先队的第一线，和少先队员亲密接触，开展丰富多彩的少先队活动，能够掌握大量丰富的事实资料。但在理论依据方面，少先队科研略显不足。在这种情况下，少先队科研就需要借鉴相关学科的理论研究成果，从组织学、管理学、教育学、心理学等学科入手，为少先队科研提供充足的理论依据。

（四）可行性原则

少先队科研课题的大小要适度，开始应以小课题为主。这既是从少先队辅导员的精力和科研能力的实际出发，便于驾驭，有时间和精力去完成，还有利于把课题做得深入和实在。课题太大、太泛，既超出研究者本身的经验，又无足够的时间和能力，到头来反让大课题束缚住自己的手脚，用主观推论来补充甚至代替了客观的研究。初做少先队科研的人，容易犯的一个通病往往是把研究课题选得过大，导致课题无法在规定的时间内完成，或者无法获得可信的结论。如"提高少先队活动教育实效性的研究"这个课题就太大了。一是因为少先队活动的实效性内涵非常宽泛，很难界定；二是影响少先队活动实效性的因素非常复杂，在一个课题中很难解决。少先队科研课题如果面面俱到，就很难操作。可以将大课题分成若干小课题进行研究，如队员喜欢什么样的活动的调查、成功的队活动的案例研究、提高队员参与队活动积极性的研究、队活动发挥队员主体作用的研究等，这样就比较容易操作。

可行性原则要求少先队科研选题尽量要小。判断一项选题是否可行，除了考虑能否操作，研究者的知识、能力等是否符合某项研究的要求外，还应考虑研究经费是否有保障、研究手段是否具备、人员是否配齐、领导是否支持等其他主客观条件。

二、课题选择的几种新思路

少先队科研的主要任务是研究少先队教育工作。少先队的教育工作由辅导员，队员，目的、任务、内容、方法，环境和条件等五个要素组成，因此，可以从实际出发围绕上述五个因素寻找拟研究的课题。一般来说，少先队科研课题主要包括三个方面的内容：一是少年儿童的心理特点与发展规律的研究，二是少先队活动、少年儿童权益保护、道德教育等工作有关的研究，三是少先队辅导员队伍建设。此外，由于少年儿童教育除了通过少先队专门载体、活动进行之外，日常生活中常通过教育教学实现，再加上中队辅导员的身份还兼具班主任和某一科任教师，因此，少先队教育科学不局限于对少先队工作有关的研究，还可拓展到影响少年儿童成长的学校教育、家庭教育、社会教育等方面。

对于少先队教育科研的主力军辅导员来说，最难的可能就是课题的选择。如何选择和确定科研课题，我国少先队教育知名专家张先翱先生提出以下六种选题思路供参考。

（一）从亟须解决的问题中选择研究课题

教育教学日常工作中难免会遇到各种各样的问题，少先队辅导员要善于从遇到的亟须解决的问题中提炼出课题。如，教语文、数学的中队辅导员都面临新课改的任务，教学方式需要改革，在此基础上，可以把少先队活动与课堂教学有效结合的探究作为研究课题。又如，针对班里某些学生把某些明星当作偶像盲目崇拜、疯狂"追星"的现象，可以开展小学生偶像崇拜的现状与对策研究。

（二）发挥经验、特长

大、中队在某个方面工作很有基础，已经积累了一些经验。可以以此为课题，在原有长处的基础上确立新目标，创造新经验。如果辅导员在某一方面具有特长，可以从其特长出发选择相关课题进行研究。

（三）针对工作的薄弱环节寻找课题

大、中队寻找自己的薄弱环节，通过科研弥补短处，变弱为强。例如，某校课余生活不活跃，枯燥乏味，学生学业负担过重，为改变这一现状，少先队大队确立"儿童游戏研究俱乐部"的课题研究，各中队分别承担"角色游戏""体育游戏""娱乐游戏""智力游戏""军事游戏""传统游戏"等子课题研究。通过研究推动游戏的普及，丰富学生的课外生活，提升其快乐幸福指数。

（四）利用地域优势

少先队的工作和活动离不开环境和条件的制约。少先队科研应充分利用本地的乡土资源，这样的课题研究也最容易创新、出新。如浙江上虞有10个少先队科研实践基地，其中8个都是依托乡土资源的优势条件确立课题的；某镇制伞工业比较发达，镇小学就开展了"伞文化与少先队教育"的课题研究。

（五）延续已结项课题的研究

原有的科研课题已经结题，发现仍有深入或延伸的必要，可在原课题的基础上重新选择课题将研究延续、深入下去。例如：原课题是"编唱新童谣"，通过编写、诵唱新童谣达到驱赶灰色童谣的目的。经过一段时间的研究，编唱新童谣取得了明显的效果，课题结项，但发现仍然存在与新童谣倡导的风气不一致的行为。这时，可以进一步研究促使少先队员"言"转化为"行"的对策或规律。

（六）从上级单位的大课题中选择

上级少工委和学校等单位确立了课题需要大、中队加以配合，大、中队辅导员可以从中选择子课题进行研究。

除上述六种选题思路外，我们也可以依据课题指南来进行科研选题。一般来说，各级社科、教育科研管理部门或中国少先队工作学会、各省市的少先队工作学会发布的课题申报通知里都会列出《课题指南》，课题申报者可根据自己的实际情况（经验、特长、地域优势等），从中选择相应的研究课题。

三、少先队科研选题举例

例1：2021年12月全国少工委专门颁布了《少先队活动课程指导纲要》。《纲要》颁布以来，少先队实践活动课的现状如何？在实际操作过程中存在哪些困难和问题？如何才能促进少先队实践活动的进一步开展？为了回答上述问题，某基层少先队辅导员联合校内外几位同样对这一领域感兴趣的辅导员们，组建成课题组，确立了《少先队实践活动实施现状、存在问题及提升对策》这一科研课题。

例2：某中队辅导员在工作中经常发现教室里大量物品（水壶、文具甚至还有衣服）无人认领的状况，便想去探讨这一现象出现的原因以及问题的解决对策，于是以本中队为研究个案，确立了"物品无人认领背后的原因及对策探讨"这样一个课题。

第三节　怎样撰写少先队教育科研课题研究方案

　　少先队教育科研准备阶段的一个重要任务是设计和撰写研究方案。研究方案设计在科学研究中有着非常重要的作用。它既是一份研究计划的说明书，也是对某项研究的意义、目的、研究设想、研究过程和研究方法的详细说明和规定，是统一课题研究者思想和行动的指导性文件，是研究实施的可靠依据。研究方案的具体设计包括从研究题目确立开始，直到资料收集和分析、报告撰写为止的整个过程。一份完整的少先队教育科研课题研究方案一般应包括如下内容：

一、课题名称

　　选择好选题后，课题的大致名称就随之出现了。但此时的课题名称可能不太科学、规范，需要进一步斟酌，如何给课题起一个合适的名字是广大科研工作者必须重视的问题。我们常说，名如其人。好的名字能让人增色不少，课题的名称可能比人的名字更为重要。因为课题申报书首页最为醒目的就是课题名称。课题名称如果不规范、不科学，一定程度上说明了课题研究者的能力和素养存在不足，给评审专家留下不好的"第一印象"，无形中降低了课题申请成功的概率。

　　课题名称的基本要求是准确、规范、简洁。准确，就是用准确的语言把课题研究的内容、研究的对象交代清楚，有时候还要把研究方法写出来。像"特殊儿童的教育研究"这个课题名称，就没有把研究的对象、问题说清楚；而"以颜氏家训为载体推进学校少先队文化建设的实践研究"就是一个很好的课题名称。规范，就是所用的词语、句型要规范、科学，不能有病句、词语搭配不当等问题，似是而非的词不能用，口号式、结论式的句型不要用，不能以疑问句或否定句的形式出现。简洁，就是课题名称不能太长，一般不要超过20个字，应具有高度的概括性，能恰当地揭示出课题名称与课题中心论点之间的关系。一些辅导员常犯的一个错误是把论文题目当成课题名称，如把课题名称写成"论少先队员创新能力的培养""关于少先队员创新能力培养的思考"，这是绝对不可以的。

我们在课题申报、评审工作中，发现许多少先队科研工作者直接把课题指南里给出的有关条目当作课题名称。一般来说，课题指南只是给出研究范围，如特殊青少年群体研究（流动儿童、留守儿童、闲散青少年），引导研究者选择某一特殊青少年群体进行研究。如果直接把课题名称设置为"留守儿童研究"，则犯了"课题太大，不准确"的错误，无法看出课题组要研究留守儿童哪一方面的问题，研究的针对性、创新性和特色更无从谈起。

二、课题提出的背景及意义

"课题"就是拟研究、解决的问题。"课题背景"是指一项课题的选题由来，就是指该问题是在什么情况或条件下产生的，研究有什么意义。通常情况下，我们可以从"问题、现象在现实中存在的普遍性""少先队工作开展的需要、少年儿童成长发展的需要""国内外课题研究现状"三大方面对背景部分进行论证，重点是"问题、现象存在的普遍性、重要性"。通过阐述课题提出的背景，解释为什么要研究这个问题。

"意义"即阐述研究这个问题有什么价值，可以从实践意义和理论意义两方面进行论证。实践意义指向操作层面，即通过课题研究对学校、辅导员、少年儿童的发展有什么促进，对教育实践工作有什么推动或借鉴价值等。少先队教育科研更多地倾向于应用研究，理论研究价值可能比较匮乏，但如果该研究能细化和补充某一相关理论，对某一理论进行具体阐述和充实，就具有一定的理论意义。如果实在没有多大理论价值，就着力从实践出发简要概括地论述"本研究的意义"，最后加上一句如"丰富相关理论，为少先队工作的开展提供借鉴"就可以了。

三、课题的界定、研究目的和假说

"界定"一般是指对课题中的关键词、关联词进行明确的解释说明，如一项课题对学习困难学生的界定："学习困难学生是指智力正常而又长期达不到教学目标的学生"。如果课题名称没有对研究对象的范围进行限制的话，在对关键词进行界定之前还需要对课题研究范围进行界定，如对小学二年级的学习困难学生进行研究。对少先队课题来说，研究范围最好小一点。

"研究目的"就是通过开展此项课题研究拟达到的预定目标。此部分的撰写，可以考虑三个方面的内容：一是探讨问题形成的原因、影响因素，或有什么发现等；二是发生在队员或队组织身上的变化；三是研究者身上发生的变化，即教育思想的转换、工作能力的提升、方法的优化等。研究目的要明确、具体，经过努力可以达到，可以检测，切忌笼统抽象、含混不清。例如，有的课题研究方案在"研究目的"中，提出要"促进少年儿童的发展""培养社会所需要的人"，使少年儿童成为"具有丰富的知识、健康的情感、健全的个性和良好的道德行为习惯的一代新人"，这样的研究目标就过于空泛。又如，有课题把"探索德育的性质，探索德育的基本任务，探索德育的主旋律"确定为研究目的，就显然太大了，研究者根本实现不了。

"假说"就是关于如何解决这一问题的基本观点，即研究设想。我们在开展一项课题研究之前，头脑中必定已经形成关于此课题的有关假设。一般来说，课题研究方案中应用陈述句的形式清楚、简明地陈述假说，比如"寄宿制小学小队组建模式及活动多样性研究"课题研究方案中的假说是"如果我们进行五种寄宿制小队组建模式的实践与比较，遵循……就能探索出寄宿制小队最佳组建模式，开创寄宿制小队活动多样性的新局面"[①]。

四、研究的理论基础（指导原则）

理论基础也就是课题研究的理论依据。我们现在所做的课题基本上都是应用研究和发展研究，这就要求我们的研究必须有一些基本的理论依据来保证研究的科学性。比如：要开展少先队活动课相关的实验研究，我们就必须以课程理论、学习心理理论、教育心理学理论为研究试验的理论依据；对学习困难学生的转化研究可以依据布鲁纳的认知学习理论、建构主义学习理论、人本主义心理学理论、维果斯基的"最近发展区"理论。撰写开题报告或研究报告中的这部分内容时，要把课题研究密切相关的理论观点简要地加以阐述，不能笼统地只写理论名称，最好把相关理论中最贴近本课题的观点或主张写出来，

---

① 吴凯：《少先队教育科研方法与范例》，北方妇女儿童出版社，2011。

而不是无的放矢、泛泛地空讲大理论。

对于个案研究和行动研究来说，课题研究要遵循的指导原则必须清晰。原则要针对本课题提出，要有自己的个性和特色，不能全是"自主性""实践性""创造性""协同性"这些普遍适用的原则。纠正"千篇一律"的通病可以采用把原则化小、化近的方法进行，如用"快乐训练原则"代替"实践性原则"。另外，需要针对课题的内容、要求、方法等，提炼指导思想和原则。

五、研究的内容、方法与研究步骤

上述几部分的写作要求是准确精练，不宜长篇大论。而研究内容和方法是研究方案的主体，应具体、详细地写。

（一）研究内容

研究内容要具体回答研究什么问题、问题的哪些方面。必须依据课题名称和研究目标来设计研究内容。要努力从课题的内涵和外延上去寻找，紧密围绕课题的界定去选择研究内容，进一步细化为若干小问题，也可以在课题大框架下设立子课题。

（二）研究方法

研究方法是完成研究任务使用的程序、途径、手段，它具体反映"用什么办法做"。研究方法应服从于研究目的，也受具体研究对象的性质、特点制约。要根据各时段研究内容的不同选择不同的方法，尽可能地写明怎样使用这种方法和用这种方法做什么。常用的研究方法有：观察法、实验法、调查法、文献法、经验总结法、个案分析法、行动研究法等。如研究少先队员的思想状况常使用调查法，研究问题家庭学生的教育对策可采用个案法，等等。

这里需要注意的是，研究方法的选择一定得针对课题研究的需要，而不是研究者为了显示自己知晓众多的研究方法而随意罗列。研究者应选用合适的研究方法，列出研究方法后，还应说清楚用这种方法做什么、如何应用。如使用调查法，要说明是全面调查还是抽样调查，调查范围、调查对象都得有明确体现。

（三）研究步骤

研究步骤是指少先队教育科学研究中的具体步骤，分几个阶段进行。每个阶段都应有起止日期和每个时间段应该完成的任务和应该达到的目标。少先队教育科学研究阶段一般分为三个部分：前期准备阶段、中期实施阶段、后期总结阶段。研究过程要环环紧扣，有条不紊、循序渐进。此部分的写作要清晰明了，也可建立工作流程图。

六、研究的预期成果

这部分主要描述本课题研究拟取得什么形式的阶段研究成果和终结研究成果。研究成果的形式有很多，如调查报告、实验报告、研究报告、论文、经验总结、校本教材、视频、音频等，其中调查报告、研究报告、论文是课题研究成果最主要的表现形式。

七、少先队教育科学研究的组织和管理

（一）课题研究的组织机构和人员分工

方案的最后一部分应写明课题研究的组织机构和人员分工。课题组组长、课题组成员以及各自的分工应明确合理，每个人各负其责，分工合作，共同合作开展研究。

（二）建立必要的制度

应建立必要的制度，如课题管理制度、学习制度、研讨制度、资料保管和使用制度等。这是课题可以开展的客观保障。

（三）经费的来源和使用

在方案中，应写明经费的来源、数量、预算支出与使用办法。

研究方案的最后，应写出引文注释和主要参考文献。这不仅体现课题论证的科学性，也反映课题组严肃的科学态度及对他人劳动成果的尊重意识。

第十二章

少先队教育科研常用的研究方法

少先队教育科研中的研究方法是人们由未知向已知转化的中介和桥梁。结合当前新形势，随着互联网、多媒体技术的发展，教育科研的研究方法也出现了一些新变化。但是，科学的研究方法是保证研究成果正确的前提。研究方法是否科学，直接关系到研究成果是否正确和准确。少先队教育科研要进一步发展，少先队工作者和辅导员必须认真学习科学研究的基本理论，熟练掌握教育科研常用的研究方法。本章主要对教育科研中应用较多的五种方法进行详细介绍。

第一节　查阅文献法

查阅文献是从事科学研究的基础，是课题研究的基础环节。积累文献资料，养成文献意识，是科学研究者必须具备的素质。而我们目前的少先队教育科研中比较缺乏的就是查阅文献意识。虽然在少先队教育科研中，查阅文献法很少作为一种独立的研究方法使用，但它作为研究者必备的基础方法，必须进行专门的介绍。

一、文献的概念与作用

（一）文献的概念

我国《文献著录总则》把文献明确地规定为"记载有知识的一切载体"，也就是将人类的知识以文字、图形、符号、音像等手段记载下来的有价值的典籍，可以是已发表过的或虽未发表但已被整理的知识，包括图书、期刊、学术论文、文物、影片、录音录像带、光盘、幻灯片等。

查阅文献法就是对于文献进行查阅、分析、整理从而找出事物本质属性的一种研究方法。查阅文献法是教育科学研究中最基本、最普遍的方法，既可作为一种单独的研究方法使用，也是其他研究方法的基础。它在教育科学研究中具有不可替代的重要作用。对现状的研究，仅仅通过观察与调查是不够的，还需要对与现状有关的已有研究文献做出梳理。对一些理论问题的探讨也离不开对已有相关文献的分析。

（二）文献的作用

1.文献有助于研究者全面了解所要研究问题的情况，熟悉此研究领域已有的成果。

开展科学研究首要的是充分掌握研究课题相关的所有资料。只有通过全面回顾已有文献，收集该研究领域有关的信息，才能比较全面地掌握此领域中的研究现状，尤其是他人已经取得的研究成果。通过了解哪些问题已基本解决，哪些问题有待进一步研究和补充，在该问题上是否存在争论和异议，研究者可以找到自己研究的突破口。

2.文献为科学研究提供了可以借鉴的论证依据和研究方法。

通过查阅文献，我们不仅可以了解研究某一问题的理论依据，还可以了解到已有研究者在探索这一问题时，采取了哪些研究方法和策略。不论这些策略、方法是否成功，我们都可以在设计自己的研究方案时进行参考和借鉴，从中受到启发。

3.避免重复劳动，提高研究效益。

研究者充分占有文献资料，获取信息，就可以在很大程度上避免重复前人已经研究清楚的问题，或者避免重复别人已经犯过的错误。在少先队乃至整个中小学教育科研领域，一个常见的现象是研究者在确立研究课题时缺乏查阅文献意识，只是一味从问题出发，而不去关心是否已有关于此方面的研究，是否有解决策略可以借鉴。这样会浪费大量的时间和精力。

在科学研究过程中，文献的作用不可轻视，必须引起研究者足够的重视。然而，有些研究者认为，查阅文献需要花费大量的时间和精力，而且在许多情况下不能直接解决问题，因而不重视文献的查找和积累工作。其实不然，查阅文献、深入了解别人开展研究的思路和过程，实际上锻炼了我们发现问题、分析问题和解决问题的能力。

二、文献的分类与来源

（一）文献的分类

1.一次文献。

一次文献也称原始文献，是由作者亲身实践而写的资料。它可以是某次会议的会议记录、视频资料（如一节活动课的实况录像）、信件、日记（如学生的日记、教师工作日志）、自传等，也可以是论文、调查报告或档案材料等。这些原始文献直接记录了事件经过和研究成果，客观而真实，因此具有很好的参考和借鉴价值。但一次文献贮存分散，缺乏系统性。

2.二次文献。

二次文献是对分散的原始文献进行加工整理，使之成为系统的、有条理的文献，便于检索。书目、题录、索引和文摘等，如中国人民大学复印报刊资料、《全国总书目》、《中国社会科学文献题录》、《教育文摘》等，都属于二次文献。二次文献是对一次文献的认识，具有汇编性、报告性，是人工进行文献检索的主要对象。

3.三次文献。

三次文献又称参考性文献，是在二次文献的基础上，对某一范围的一次文献进行深入分析报告之后形成的综合性文献。此类文献不同于一次文献的原始性，也不同于二次文献的客观报道性，但具有主观综合的性质。三次文献反映了文献加工者对一次文献的主观见解，是对众多一次文献的综合研究成果。如教育研究动态综述、××专题评述等单篇文献，均属于三次文献。而有关教育科学方面的字典、词典、百科全书、手册等专门文献，通常称为工具书，因为它能直接为教育研究中所遇到的问题提供答案，因而也被称作三次文献。

（二）文献资料的来源

1.书籍。

书籍包括名著要论、学术专著、论文集、教育辞书、教科书、资料性工具书、百科全书以及科普读物。

2.报刊。

报刊包括报纸和期刊，研究者可以从中了解到教育科研领域的最新动态，拓宽视野。其中，期刊包含了相关领域内的最新研究动态，是教育科学研究者查找文献时最简便高效的来源。

少先队教育科研中可能参考的期刊有《人民教育》《中国教育学刊》《基础教育改革动态》《教育研究和试验》《基础教育》《中小学管理》《教育理论和实践》《中小学心理健康教育》《少年儿童研究》《班主任》《辅导员》等。

3.教育档案。

档案资料是人们在各阶段各种社会实践活动中形成的具有收藏价值的原始文献资料，包括教育年鉴、教育统计、教育法令、调查报告、资料集等。如《中国教育统计年鉴》《中国教

育年鉴》《山东统计年鉴》等都属于这一类。

4.非文字资料。

非文字资料包括音像影像资料、出土文物等，在教育科学研究领域中主要指以图像、声音等方式记录知识的载体，这类文献通过视觉和听觉表现知识，往往更加形象具体。

5.网络资源。

随着互联网技术的发展，越来越多的科研文献在网络上发布，许多教育部门、学校等都建立了自己的网站，发布教育信息、研究成果等。因此，网络日益成为获取文献资料的一个重要来源。

在此，向大家推荐几个查找国内文献常用的网址：中国知网www.cnki.net；中国国家图书馆·中国国家数字图书馆www.nlc.cn；中华人民共和国教育部www.moe.gov.cn；国家教育资源公共服务平台so.eduyun.cn；中国青少年研究中心www.cycrc.org.cn；中国少年先锋队zgsxd.k618.cn。

三、文献的检索、筛选

（一）文献检索

首先，根据所要研究的课题确定准备检索的范围，确定检索标准：关键词、主题、题目、作者等。其次，选定检索工具，确定检索途径。如果以杂志作为检索工具，可以利用上面的文章目录直接找到相关文章，并以该文参考文献为线索进行追踪查找。如果以网络系统为检索工具，可以在"主题""关键词"中输入相应词语进行查询。由于研究可能涉及多个方面，开始检索文献时要注意扩大查找范围，在相关领域里广泛查找。

（二）文献筛选

为了提高文献利用的效率，必须对前期检索到的大量文献进行筛选。文献筛选应该遵循以下原则：

1.相似性。

文献中设计的方案、依据的理论背景或研究方法等与自己的研究越相似，这些文献就越有值得学习借鉴的地方。

若要以个案研究法研究儿童攻击性行为，《儿童攻击行为的评估与治疗》《儿童攻击性行为的影响因素及矫正》《一例攻击性儿童的个案研究》等文章比《儿童攻击性行为的功能性评估》《智力落后儿童攻击性行为研究探析》等具有更高的相似性，因此也就具有更高的借鉴价值。

2.新颖性。

要了解最新研究动态，必须注意文献的新颖性。科学研究是不断突破和创新的过程。新近出现的研究文献中总会有一些在研究思路、研究方法或研究内容等方面异于前人，有自己的独到、新颖之处。因此，这类文献有利于开阔我们的思路，值得学习研究。

3.经典性。

经典性文献是指在一个学科领域内具有典范性的著作或其他文献形式，往往是某一学说、某种理论的开创性、奠基性之作。阅读这样的文献可以帮助我们了解该学说或理论的基本观点和主张，为进一步深入研究奠定基础。

4.权威性。

权威性文献包括权威机构、权威刊物和权威人物的观点、论文或著作等。权威机构或权威刊物出版发表的作品更为严谨规范，质量更高，因此具有更多的参考价值。由于某一学科的权威人物常常有自己深入独特的见解，他们的研究成果在一定程度上代表了该领域内的较高水平或最新发展趋向，所以有必要认真研读他们的作品。

对于经验不足的科研人员来说，可能并不容易判断哪些文献资料具有经典性、权威性。这时常用的一个方法是：留意重要期刊上发表的论文中参考文献部分和作者所推荐的文献，其中被引用次数较多的文献或作者就可以初步确定为具有经典性或权威性，再直接查找这些论文、书籍或此作者的学术成果。

四、文献整理

（一）书目登记

对于阅读过的文献资料都应做好全面的书目登记，便于以后查找。一份完整的书目应包含下列信息：作者姓名、论文（报告、书籍等）的标题、出版单位、出版日期，如果是论文，还应标记出起始页码。

（二）摘要或总结

阅读文献必须以恰当的形式从相关资料中抽取信息并对这些信息加以总结。为了做出有效的总结，必须从文献资料中获得足够的信息。一般而言，对产生结果的条件、已研究过的问题等都应有所了解。在阅读资料时，对哪些信息需要保留应做出判断，并记录下来。

我们通常可以使用一种摘要形式，它是一份对包含各种信息的研究报告的总结。摘要通常包括书目登记、问题、对象、结果和结论四部分。问题部分是对所阅读报告中研究课题的说明，它也可能包括对假设的说明。对象部分描述研究是如何开展的，包括测量和分析的方法等。结果和结论部分主要指出该研究发现了什么、得到了什么结论、研究者是如何运用结果的。

大部分论文都在开头有一份非常简短的摘要，但由于长度有限，通常不能满足研究者的要求。但文献摘要也不是越长越好，包含太多信息反而无效。因此，在概括摘要时，尽可能既浓缩主要信息，又包含所需细节。

通过书目登记和进行摘要总结的方法来整理文献，不仅可以提高阅读文献的水平，还可以为之后撰写文献综述提供更为有用的资料。

五、文献综述的写作

文献综述，是在对某研究领域的文献进行广泛阅读和理解的基础上，对该领域研究成果的综合和思考。对文献进行综述的目的在于总结前人已经做了的工作以及他们所取得的成果，分析已有研究存在的问题。文献综述可以是一篇正式的学术论文，如《儿童欺负行为研究综述》。在少先队教育科研领域，自成篇章的文献综述类论文很少被涉及，但在正式、规范的课题论证、课题结题报告中一般应有"国内外研究现状"，这一部分是对已有文献的回顾，也就是一篇微型的文献综述。

文献综述书写有关的要求：

首先，全面查阅文献资料。文献综述的主要目的是使读者对某一学科领域内的问题有一个较全面的了解。因此，全面查阅文献资料是写好综述的基础。如果不能全面系统地查阅资料，如同盲人摸象，无法全面地了解已有研究进展、主要观点，大大降低了文献查阅的价值。

其次，精选文献资料，组织好语言。综述不应只是诸多研究者姓名、研究问题和结论的简单罗列和拼凑，而是在全面查阅和检索的基础上，选择其中重要研究的观点、结论进行归纳和提炼。

最后，要"有述有评"。照搬照抄别人的成果或文字结论，这不是综述而是文摘。因此，除了客观介绍别人的成果和论述之外，还要有自己的分析和评价，总结归纳出已有研究的进展，并进一步指出已有研究的不足，站在问题的前沿寻求新的突破，推动新的成果产生。

第二节　观察法

观察，是指人们对周围存在事物的现象和过程的认识。观察法是一种有目的、有意识的感性认识活动，是指研究者根据一定的研究目的、研究提纲或观察表，用自己的感官和辅助工具去观察被研究对象，从而获得资料的方法。观察是了解学生行为差异的重要途径，是搜集第一手资料的重要手段。观察法一般不需要特殊的设施或场所，应用比较方便，是教育科学研究中广泛运用的一种方法。

一、观察法的基本特点

（一）目的性

观察法是根据研究课题的需要，为解决某个问题而主动进行的一种研究活动，具有明确的研究目的、研究对象，并确定了观察的范围和形式的研究方法。漫无目的的观察很难获取有效信息，目的性不明确的观察也难以实现研究目的。

（二）客观性

科学观察强调观察者所获得的资料必须能如实反映客观事实，以保证观察研究的客观性。因此，观察尽量在自然状态下进行，观察者不能对被观察对象的行为有任何的干预控制，不改变事件发生的自然条件和发展过程，只是客观、详细地记录观察的全过程。并且，观察者不应把自己的主观推测或推想加入观察中。只有这样，才能收集到客观、真实的信息。

（三）能动性

观察法是按照事先制定的提纲和程序进行的，同时规定了观察活动的时间、空间、顺序、对象、记录方法；是研究者根据课题需要，有目的、有计划地进行的研究。在观察过程中，研究者既要按原计划进行，但又要视情况变化对观察计划做出必要修改。

二、常用的观察方法

教育科研中观察法类型很多。根据观察者是否直接参与被观察者所从事的活动来划分，可以分为参与观察和非参与观察；根据观察者是靠感觉器官还是仪器、设备等手段观察来划分，可以分为直接观察和间接观察；根据观察记录的方式及所观察的行为的选择控制程度来区分，可以分为描述性观察、取样观察法和观察评定法。

描述性观察法是通过详细观察记录事件或行为发生、发展过程而获得资料的方法，包括日记描述法、轶事记录法、连续记录法，操作要求相对简单。这里我们重点介绍取样观察法、观察评定法这两种技术要求相对较高的观察方法。

（一）取样观察法

所谓"取样"，就是研究者选取一部分有代表性的行为或事件作为研究对象。取样法需要先对观察的行为或事件进行科学分类，再从中选择一定的行为或事件进行观察，把复杂的事件或行为转化为可以量化或可限制的材料进行记录。取样法是一种比较严格、系统的观察方法，对研究者的能力和技术手段要求较高，但资料便于统计整理。它又分为时间取样观察法和事件取样观察法。

1.时间取样观察法。

时间取样观察法是在选定的一定时间内进行观察，对观察对象在这一时间段内或这一时刻发生的各种各样的行为表现和事件做全面观察记录。使用时间取样法进行观察研究必须注意两个前提条件，一是所观察的行为必须是经常出现的，一般来说，每15分钟至少出现一次的行为才适用于时间取样法；二是必须是外显的可以被观察到的行为。

如一项对一年级学生课堂注意力的观察研究中，记一次20分钟的语文字词抄写作业[1]：

前5分钟，全班学生认真书写，没有出现任何声音和动作。

5分钟后，3人开始看别人的作业，并提出别人的书写毛病。

6—10分钟期间，7人开始有动作，有的发愣，有的玩铅笔、橡皮等文具。

10分钟后，20人开始有动作，有的发愣，有的发出声音。

15分钟后，6人完成作业。

20分钟后，14人完成作业（24人未完成作业）。

初步分析：一年级学生在完成一些重复性记忆作业（如字词抄写）时，最佳时间段为10—15分钟内。这段时间内，学生有较强的注意力，作业态度认真。

采用时间取样法进行观察，要求研究者必须明确在特定的时间段内某种行为是否出现及出现的类别、频率和持续的时间。因此，观察者必须事先做大量的准备和严密周详的计划。

---

[1] 刘电芝：《中小学教育科研方法》，西南师范大学出版社，2001。

2.事件取样观察法。

事件取样观察法也需要预先确定行为或事件作为观察对象。它与时间取样法的不同之处在于，它的测量对象是行为事件本身，而不是行为所发生的时间间隔。对行为事件的观察记录必须包括行为发生的背景、起因、经过、结果、持续时间等方面，行为事件的特点、性质等是观察者注意的中心。

事件取样法的典型案例是道维（H.Dawe）1931—1932年间对学前儿童争执事件的研究。在观察前，他设计的事件取样观察记录表（见表1）值得我们学习借鉴。

表 1　事件取样观察记录表

姓名	年龄	性别	争执持续时间	发生背景（起因）	争执的内容（争玩具、领导权等）	参与者的角色（争吵者、主要侵犯者、被动接受者等）	争执特殊言语、动作	结果（被迫让步、资源让步、和解、旁观儿童干预解决）	后果（兴高、不满）

准备好记录表之后，道维等研究者在自由游戏时间中等待争执事件发生，并按照记录表进行观察记录。

（二）观察评定法

观察评定法是指观察者依据一定的标准将行为划分为不同等级，在观察中，根据被观察者的行为表现，判断其行为属于哪个等级的方法，也可称为等级评定法。评定的方式可以用等级（优、良、中、差），还可用词语描述（基本达到、不合格；经常、偶尔、从不）等。例如，观察队员在班级卫生劳动中的表现，可以将队员行为分为五个等级：十分积极、积极、一般、不积极、很不积极。由于不同的人对这五个等级的标准不同，研究时需要统一标准，确定每个等级的操作性定义[①]：

十分积极：对自己的劳动任务没有任何抱怨或不满；非常积极地投入劳动中；认真仔细地完成任务；热情帮助其他同学。

积极：认真耐心地完成任务；做事不拖延。

一般：对于交给的任务有些不满，但仍能按时完成任务；在劳动过程中不够认真负责。

不积极：在同伴或老师的催促下才参加劳动；不认真，随便打扫几下应付了事。

很不积极：对劳动表现出极不情愿的情绪；只有在老师的督促下才劳动，老师一离开就停止；或干脆不参加劳动。

比较客观的评定方法应是事先规定各种等级的具体标准指标，并由各个观察者当场评定之后，考察其一致同意的程度。

三、观察法实施的一般步骤

观察是有目的、有计划、有步骤的系统的科学研究活动，在具体实施中必须遵循一定的程序和步骤。粗略地划分，观察

[①] 田学红：《教育科学研究方法指导》，浙江大学出版社，2006。

研究的过程包括"准备、实施、总结"三大阶段，每个阶段又包括一些具体的步骤。

（一）准备阶段

1.确定观察目的。

研究者首先必须界定自己所要研究的课题，然后根据课题的任务和研究对象的特点，确定该观察目的，即为什么观察和观察什么。对于观察中要了解什么情况，搜集哪方面的事实材料，都要做出明确的规定。在此基础上再具体确定观察内容。

2.把观察内容具体化。

合格的观察内容除了要能准确地反映、体现或说明观察目的、确定观察对象外，还应具有可操作性，即观察者能观察到且应该观察到的行为或事件。因此，要明确界定观察内容在具体场景中的实际表现。例如有研究者设计的"对小学中年级学生课堂学习活动的观察研究"，从"课堂举手情况""回答问题情况""课堂作业情况""分散注意情况"等几个方面对"课堂学习活动"具体化，并从统计学生做小动作和讲话次数两个方面对"分散注意情况"进行观察记录[1]。

3.确立观察对象。

要根据观察目的确立观察对象。如果课题中对研究对象有明确的界定，如上述"小学中年级学生课堂学习活动的观察研究"，观察对象为小学中年级的所有学生。至于选择一个年级还是两个年级，选择几个班，选择一个班里所有的学生还是几个学生，则要根据观察人员的数量和水平、观察时间的长短等研究条件实际出发，

---

[1] 刘电芝：《中小学教育科研方法》，西南师范大学出版社，2001。

选定观察对象的人数。观察对象必须具有典型性和代表性。

4.选择观察方法。

研究者要根据观察目的、观察内容和具体条件选定观察方式和方法，是直接观察还是借助一定的仪器、设备进行间接观察，是参与观察对象所从事的活动还是不介入、不参与，是运用时间抽样法、事件抽样法还是追踪观察法，需要根据研究需要和客观条件而定。观察者应结合具体情况，选择最有利于获得真实信息的、最简捷的观察方法，从而经济地、有效地获得科学的结论。

确立了具体的观察方法后，需要进一步明确观察的途径、安排观察的次数、时间和位置等内容。

5.编制观察记录表。

观察记录是确保观察到的事实材料准确客观的重要一环。为使观察记录全面、系统和准确，就要事先编制观察记录表。一份好的观察记录表至少具有两方面的功能：一是实施功能，即便于研究者按照此表实施观察。二是记录功能，即在此表上记录下观察内容或观察数据。

观察记录表的设计应从实际出发，依据所要研究的目的和观察对象而定。若采用时间取样观察法，则应在特定时间内对观察对象可能的行为事件做尽可能全面的预计，并罗列在记录表内。若采用事件取样法，则应关注所要观察行为发生的背景、原因、变化以及结果等过程的相关因素。观察者应该从实际出发，依据不同的研究目的和观察类型，编制出合理的观察记录表。

一般来说，对于初步确定的记录表要先进行试用。如果试用中发现什么问题则应及时修改，最终确定科学合理的记录表。

（二）实施阶段

实施观察是观察法的核心。在此阶段，应做到以下五点：

1.尽量严格按计划进行，同时也应做到随机应变。观察时目的必须明确。但如果原定计划不妥当，或观察对象有所变更，则应随机应变，务求能妥善地完成研究任务，尽可能取得最好的成果。

2.选择最适宜的观察位置。应当根据观察目的和观察内容来选择观察者的位置，一方面要保证所要观察的现象全部清晰地落在视野之内，另一方面要保证不影响被观察者的正常表现。

3.要善于抓住引起各种现象的原因。在观察过程中应保持思想和注意力的高度集中，每当一种现象出现时，都要尽可能地找出引起它的原因。

4.观察要全面。教育现象往往是由一系列的活动及其所引起的反应构成的。例如：辅导员的要求引起少先队员的反应，一个队员的活动引起其他队员的反应，等等。所以应密切关注研究对象（人、行为或事件）的关联要素。

5.观察要系统，应当着重注意一贯性的东西，善于辨别重要的和无关紧要的因素，以便抓住事物的实质。偶然的或例外的东西虽然常常是无足轻重的，但是这些信息有时对全面、正确地了解观察对象也很重要，所以也应当把它们如实地记录以供研究。同时还应注意什么是重要与无关紧要，主要是根据它与研究任务关系的大小，是否能提供有利的材料而定。如果观察者被无关紧要的因素所纠缠，势必影响观察的效率。

6.记录要及时、客观、准确。观察者在用心观察的同时，必须及时地将观察到的现象、行为记录下来。如果遇到观察记录表中没有涉及的突发情况，而研究者又认为它们非常重要，就应用关键词速记法先进行当场记录，事后再进行详细整理。观察记录的方法多种多样，无论用哪种记录方法，都应尽量使观察资料保持客观性和准确性。

（三）总结阶段

最后，要对研究获得的庞杂的资料进行系统的整理和分析，在此基础上建构理论和撰写观察研究报告。在这一阶段，研究者还应就观察活动进行反思，一方面能加深对研究课题的认识，另一方面也能促进自己科研能力的提升。

观察是发现问题、提出问题的前提，许多伟大的教育家、心理学家采用观察法进行研究并取得了显著的成就。目前，我们的少先队教育科研中也经常采用此种方法。但观察法会受到许多偶发因素的干扰，加上研究者在观察时原则上不能支配和控制研究对象及其发展过程，从而导致了观察法的应用局限性：观察所得的资料是关于行为的观察和结果，只能说明"有什么"和"是什么"的问题，不能直接判断"为什么"。若要依据现象去推断可能的原因，须格外慎重。此外，观察记录容易受到观察者情感、价值观、经验等主观因素的影响；相对其他研究方法，观察法的研究取样范围往往较小，观察结果的代表性不高，可能影响其结论的可推广性。因此，在使用观察法时，一方面需要研究者有科学的态度和正确的方法，另一方面要结合其他研究法使用。

第三节　调查研究法

"没有调查就没有发言权。"调查研究是人们认识世界、改造世界的一种基础性的社会实践活动，是正确认识社会的根本方法。调查研究是弄清事实，借以发现存在的问题、探索相关规律而采取的有计划、有步骤地系统考察各种社会现象的研究方法，广泛应用于人文社科研究领域。根据研究过程中使用手段的不同，它又分为访谈法和问卷调查法。

一、调查研究的一般步骤

（一）确立调查课题、调查目的

在调查前，必须明确调查方向，确定调查课题。在少先队教育科研领域，调查研究的目的，一般来说是"了解现状，提出对策"。调查研究的第一步，必须明确"调查什么""为什么调查"。

（二）选择调查对象

调查对象的选择涉及调查对象的总体、样本及抽样技术等问题。如用访谈法调查少先队小干部的作用发挥状况，调查对象应该是班主任、任课教师、普通少先队员等人，研究者可以随机从上述人群选取一定的样本开展访谈。如用问卷法调查山东省少先队员的思想道德状况，调查的总体应该是山东省所有的少先队员。但由于总体数量太大，不可能所有队员都参与调查，我们可以采取随机抽样的方法，从山东省少先队员这一总体中随机抽出部分样本（如3000名队员）参与调查。抽样就是指从总体中抽取一部分个体的过程，或者说是从总体中按一定方式选择或抽取样本的过程。要保证样本的代表性，即样本能反映调查总体的状况，就必须掌握科学的抽样技术。抽样的方法有多种，既有如简单随机抽样、等距抽样、整群抽样、分层抽样等概率抽样方法，还有判断抽样、等额抽样等非概率随机抽样。由于篇幅所限，本书不能对此一一详细介绍，具体抽样方法可参见调查研究、统计的有关书籍。

下面简单介绍一下如何从山东820万名少先队员中抽取3000个样本进行问卷调查的：由于经济发展状况可能影响少年儿童的思想价值观念，在抽样的实际操作中，先按经济发展水平把山东16个地市划分为三个等级，再在每个等级中随机选择1—2个地市。然后，抽取上述城市的一些区、县参与调查，进而按城市、城乡接合部、农村不同区域选取不同的学校，最后再随机抽取每个年级中的1—2个班的全体少先队员进行问卷调查。

（三）制订调查计划

一份完整的调查计划包括多项内容，主要有调查目的、调查对象及范围、调查地点与时间、调查工具及方法、步骤与日程安排、组织领导与人员分工、完成时间、经费使用安排等。

（四）做好调查前的其他准备

做好各种技术、事务和组织准备工作，包括人员培训、准备资料等；根据初步的调查提纲、问卷等，进行预测性调查，修改、完善调查提纲、问卷及工作方案。

（五）实施调查

根据调查计划，采用问卷、访谈等手段收集资料。

（六）整理、分析材料，撰写调查报告

叙述性材料要进行文字加工；数量化材料，如问卷调查数据，我们一般要借助计算机的Excel或SPSS专业软件进行数据录入和统计分析；材料不足，要及时补充。最后，对所研究课题结果进行呈现和描述，提出问题、意见和建议。

二、访谈法

（一）访谈法的概念及分类

访谈法是通过与调查对象面对面地进行交流、讨论而搜集资料的一种调查方法。不同于日常生活中的"谈天""聊天"，访谈法有特定的科学目的，并有严格的设计和原则。从不同角度访谈可分为不同的种类。

根据访谈对象的多少，访谈分为个别访谈和集体访谈。前者是指调查者对每一个调查对象逐一进行单独访谈的调查方式。后者是指访谈者召集一些调查对象同时同地开展访谈，也称为开座谈会。集体访谈参加人数不宜太多，一般来说10人左右为宜，且必须是课题有关人员。

根据访谈的内容是否是由标准化的问题组成，访谈分为结构式访谈和非结构式访谈。结构式访谈又叫标准化访谈，或控制式访谈，访谈者按照规定的问题依次向访谈对象提问并要求访谈对象按规定回答。非结构式访谈是访谈者根据访谈主题进行访谈，访谈对象不受约束，可以就某（几）个主题自由发表意见。

在调查研究过程中采用何种访谈方法，主要根据研究的需要来确定。个别访谈的优点是访谈对象能根据自己的真实情况独立回答问题，不受其他人回答的干扰。如果研究是为了搜集具有典型性、代表性和特殊性的材料，通常可以采用个别访谈的方式。集体访谈的优点是可以在较短的时间内搜集到更多的信息，要了解事实或征询意见，通常采用集体访谈的方式。非结构式访谈和个别访谈可以获得许多调查者意想不到的信息和资料，比较适合于探索式研究。结构式访谈是所有调查对象都回答同一结构的问题，其结果便于统计和分析，所以，通常是为了验证某种理论或假设时使用结构式访谈。

（二）访谈的技巧

访谈调查有特定的科学研究目的。在进行访谈时，我们要注重访谈的技巧，打消访谈对象的顾虑，以最合适、最有效的方式取得访谈对象的信任和合作，获得真实可信的资料。

1.简明扼要地说明访谈的目的、意义和内容。

访谈正式开始前，访谈者（研究者）要简明扼要地介绍访谈的目的、为什么要做这样的研究，以便得到访谈对象的支持与合作。然后，进一步说明访谈主题的范围及其所包括的小题目。小题目如果有前后或时间顺序，应特别交代，让访谈对象做好准备。如果有多个主题，必须把这几个主题都介绍清楚，并强调它们的不同点。

2.创设一种能够畅所欲言的气氛。

访谈的效果在很大程度上取决于访谈对象是否能知无不言、言无不尽。为了收集大量真实有效的信息，访谈者在访谈过程中要始终坚持以访谈对象为中心，创设一种能畅所欲言的气氛。访谈者要注意做到如下几点：

（1）在访谈过程中，始终以平等亲切的态度对待访谈对象。访谈者要有礼有节，尊重对方，谦和，诚恳待人。即使是上级对下级、教师对学生的访谈，也不能打官腔、摆架子。

（2）当访谈对象谈话时，访谈者应全神贯注地听，做一个极有耐心的听众，不要轻易打断对方的谈话。即使访谈对象喋喋不休，离题万里，也要选择一个适当的机会，如在其谈话停顿的时候拉回话题，让对方不易察觉。

（3）访谈者不能说话太多，以免影响别人说，但也不要话太少，表现出没兴趣。要多用鼓励或重复语句，让访谈对象有兴致说下去。

（4）访谈者应避免过多使用抽象词语、专业术语，否则会造成访谈对象的困扰，让对方不知道如何回答。

（5）开放式问题要尽量避免直截了当地问，如"你平时打孩子吗？"这句话换个角度问效果可能会好些——"你平时是怎样教育孩子的？"这样的提问可以给回答者留有许多余地，研究者可以在访谈对象的回答中得到更多的信息。

（6）在谈话过程中要始终保持中立态度，不能出现诱导性问题，避免影响访谈对象的回答。

3.把握谈话的方向和主题。

为了避免把访谈调查变成漫无目的的谈话，为了把访谈对象的注意力集中到访谈主题上，访谈者要注意以下几个问题：

（1）观察并及时调整访谈对象的情绪，不要让访谈对象被其他情绪左右，造成回答上的偏差。

（2）如果访谈对象把话题拉得很远，访谈者应抓住谈话间歇迅速收拢话题。在访谈过程中要注意按既定的谈话提纲进行，但一旦发现与调查目的密切相关的新信息或原来未考虑到的问题，应灵活地将其纳入被调查的范围与计划之中。

4.访谈资料的记录。

资料记录有两种：当场记录和事后记录。当场记录必须征得访谈对象的允许，而且记录时不要贪多，应只记要点，待访谈结束后再进行整理。因为写的速度总是赶不上说的速度，访谈者要想把所有的话都记下来，就要不断地打断谈话，这样会影响说话者的情绪。如果访谈对象允许录音，边录音边当场记录要点的办法就更为实用。

如果不具备录音条件，访谈时最好能有专门的人来记录，这样既不会中断谈话，也不会把重点遗漏掉。整理时两个人又可以相互回忆补充，减少错误。

三、问卷调查法

问卷调查法是调查者运用统一设计的问卷向被选取的调查对象了解情况或征询意见的调查方法。它通过书面方式搜集资料，从而了解研究对象的行为及对某一现象或问题的态度、看法或意见。

（一）问卷调查法的类型

问卷的主要组成部分就是一个个具体的问题，问题是整个问卷的中心。根据问题提出方式的不同，问卷调查可分为三种类型：开放式、封闭式和半封闭式。

开放式是指在问卷上只提出问题，不列出答案，由调查者自由回答。如：你认为一个有责任心的少先队员会有哪些表现？封闭式是指在问卷上不仅要提问，而且要列出可供选择的答案，限制回答的方向和数量，让调查对象根据个人真实情况做出选择。半封闭式也叫综合式，兼有封闭式与开放式的特点，也就是说既列出答案，又给调查对象留有回答的余地。如在选择答案后增加"你的理由：＿＿＿"或"为什么？＿＿＿"我们一般把比较清楚、有把握的问题作为封闭式问题提出，而将不十分明了的问题作为开放式问题提出，开放式问题数量不宜过多。

（二）问卷的结构

一份结构完整的问卷包括标题、前言、指导语、问题和结束语等几部分。

1.标题。

标题即问卷的题目，是对问卷内容和目的的简洁明了的反映，如"中国少年儿童发展状况调查问卷"。含混不清或过于直白的问卷标题会给调查对象造成不良印象，甚至直接影响其答题态度。比如，旨在调查少先队员不良行为习惯的问卷不宜直接命名，否则，少先队员出于"做好孩子"的愿望或"老师知道了会惩罚"的担心可能不愿意承认自己的不良行为习惯，因此，这份问卷的标题最好拟为"少先队调查问卷"。

2.前言和指导语。

前言是对研究目的、意义和内容的简要说明，它可以引起调查对象的重视和兴趣，也可以消除调查对象的戒心，以让其配合问卷调查。一般说来，前言中的文字要简洁、明确、有吸引力、朴实。指导语是用来指导调查对象填写问卷的一组说明性文字，包括填表的方法、要求、时间、注意事项及研究者的保密承诺等。在整个问卷结构中指导语是非常重要的，它直接关系到问卷研究是否可信（信度）和有效（效度），使用不同的指导语获得的施测结果有显著差异。在问卷中，如果问卷的填写说明比较复杂，如有的地方需要画"√"，有的地方要排序写数字等，前言和指导语一般应分开，前言在标题之下，指导语在前言之下。如果问卷填写要求比较简单，一般是将前言和指导语合并在一起。下面是一份问卷的前言和指导语部分：

亲爱的同学，你好！为了解我国少年儿童的学习和生活状况，我们组织了本次调查。你的真实回答对我们的研究非常重要。请你仔细阅读下列问题，根据你的实际情况在相应的选项上画"√"。本次调查不用填写姓名，答案也没有对错之分。我们承诺：对你的答案完全保密。谢谢你的合作！

3.问题。

问题是问卷的主要组成部分，是问卷的中心，问题的设计关系到问卷的科学水平。问题部分的内容应包括两部分：研究对象的基本情况（性别、年级、家庭居住地、是否独生、父母职业及其他可能影响调查结果的变量）和调查内容。问卷无论是开放式问题还是封闭式问题，都要注意避免"社会认可效应"，即问题和答案有明显的社会评价标准，答卷者容易按社会认可的标准回答而不反映真实情况，因而在问题表述上要加以仔细考虑和技术处理。对于敏感性问题，应讲究提问的方法，可运用迂回提问、投射、假定等提问方式，通过不正面提问、不正面作答，从侧面了解调查对象的看法，如"有人认为有钱就有一切，对此你的看法是＿＿＿＿＿＿"。

4.结束语及其他资料。

问卷的结尾部分一般要对调查对象的合作表示感谢，或让调查对象补充有关情况等。当然，这一部分在问卷中可以省略。除了结束语外，问卷还可能包含编号（置于问卷标题的右上方）、调查员姓名（置于问卷的最后）等其他信息。

（三）问卷的编制

1.问卷编制的原则。

题目的表述是问卷设计的难点和重点。问卷设计的质量、调查的效果，很大程度上取决于问题的表述。问卷的题目必须是具体的，数量不宜过少，题目少不能充分反映问题，但也不能过多。一般来说，对小学生的调查时间最长不超过30分钟，对中学生的调查不要超过1小时。问卷的编制要遵循以下原则：

（1）目的性原则。问卷的标题、指导语、问题、备选答案等所有内容都要反映研究的主题和目的。

（2）简明性原则。问卷所用文字应通俗易懂、简单明了，以便调查对象能准确理解、正确作答。

（3）为被调查者着想的原则。从被调查者出发，为被调查者着想是问卷设计的出发点。除问卷的问题不能太多，避免被调查者产生疲劳或厌倦而丧失回答的兴趣外，还要从被调查者的阅读理解能力、表达能力、计算能力等实际情况出发，题目必须是被调查者理解、可以回答的问题，不要让被调查者进行难度较大的回忆和计算。

（4）计划性原则。问卷设计应考虑实施过程和结果整理中各种可能出现的问题，一方面保证问卷调查能得到顺利实施，另一方面方便数据录入和结果处理。

2.问卷设计步骤。

（1）探索性工作。

通过文献或访谈了解已有调查内容及被调查对象的大致情况。这是问卷设计的第一步，也是做好问卷设计的前提条件。

（2）设计问卷初稿。

先分解中心概念，设计总体框架。如对小学生责任意识的研究，首先对中心概念"责任意识"进行界定并操作化，如：责任意识是个体对现实生活中各种责任关系的反映，是社会和他人的客观要求在个体身上引起的主观认识和内心体验。以责任对象来划分，责任意识分为自我责任、他人责任、集体责任、社会责任。这四个方面构成了问卷的基本维度，汇总成了问卷的框架。再进一步将这些大问题逐层分解，如从爱护集体荣誉、积极参加班级活动、关心集体三个方面考察集体责任意识。同样，把自我责任、他人责任、社会责任分解成可以操作的几个方面，再结合认知、情感、行为等心理过程以及小学生的学习生活实际，提出一个个具体的问题。

（3）试用后定稿。

问卷设计好后，应尽量请相关领域的专家进行评定，根据专家意见进行修改。在正式大规模印制前，必须用它进行一次试调查，根据调查过程中出现的问题及调查结果能否实现调查目的等，对问卷进行修订。修订后的问卷才是调查用的正式问卷。

3.题型及答案的设计。

（1）问题的形式。

分为开放式问题和封闭式问题两种。开放式问题是让被调查对象自己提供答案的问题形式。研究者在难以设定问题答案的时候经常会使用开放式问题，如"当今少先队工作面临的最显著的问题是什么？"封闭式问题要提供可供选择的答案，并限制回答的方向和数量。

封闭式问题主要有以下五种类型：

填空式。如：你的年龄：＿＿岁。

是否式。如：你是独生子女吗？①是　②否

选择式。列出两个以上答案，由调查对象根据自己的情况和问题的要求进行选择。如：

你父亲的文化程度是＿＿＿＿＿＿。

①小学及以下　②初中　③高中、中专、技校　④大专　⑤大学本科　⑥研究生（硕士、博士）

现在，和你生活在一起的家人有哪些？（可多选）＿＿＿。

①亲生父亲　②亲生母亲　③继（养）父④继（养）母　⑤爷爷、奶奶　⑥姥爷、姥姥　⑦兄弟姐妹　⑧其他人

等级式。列出多种答案，调查对象填写答案时要求列出先后顺序或不同等级。如：你愿意竞选少先队中队长吗？①非常愿意　②比较愿意　③不太愿意　④很不愿意　⑤说不清

表格式。当询问若干个具有相同答案形式的问题时，可以将其设计成表格形式。如某份调查问卷中的一个表格式问题：

你是如何认识下列问题的？（请在符合你情况的数字上打"√"）

	很不赞成	不太赞成	比较赞成	非常赞成
父母挣钱不容易，孩子应当节约	（1）	（2）	（3）	（4）
只要是我想买的东西，父母都应该满足	（1）	（2）	（3）	（4）
买东西首先要实用，是不是名牌不重要	（1）	（2）	（3）	（4）

（2）答案的设计。

答案的设计除了要与所提的问题协调一致外，应特别要注意穷尽性和互斥性。

穷尽性，即所列的答案要包括所有可能的回答。

如：当你在生活中遇到困难时，你首先会找谁？

①父母　②老师　③朋友

这道题的答案列举得不完全，如果有人先找同学或者找心理咨询师，调查对象就无法进行选择。因此，当选项不可能做到完全的列举时，要在选项中加上"其他___"一项，并让调查对象在"___"上填写具体答案。

互斥性，即答案之间不能相互重叠或相互包含。

如：你一个星期的零花钱一般是多少？

①5元以下　②5—10元　③10—15元　④15—20元　⑤20元以上

如果一个小学生一个星期的零花钱正好是10元，他应该选第二个还是第三个答案呢？因此，这道题的答案应该设置为：5元及以下、6—10元、11—15元、16—20元、21元以上。

4.问题的言语表达。

（1）一个问题只包含一个疑问，不能让两个以上的概念在同一问题中出现。如：你经常上网、玩手机吗？这其实包含着两个问题。有的孩子经常上网，但不常玩手机。所以，这道题可分解为两个问题。

（2）问题不能带有倾向性，避免暗示或者启发回答。

如：为了体现教育公平，很多专家都呼吁不要择校，你的意见呢？

①要　②不要

这道题以专家的意见开头，很容易引导被调查者与专家的意见一致，进而使被调查者不能客观地回答问题，影响调查结果的客观性和科学性。

（3）不要用否定形式提问，如：你不是少先队干部吧？这样提问会让人不知道如何回答。

（4）不要直接询问敏感性问题。如：你经常欺负别人吗？即使有同学经常攻击、打骂别人，可能也不愿意如实回答此问题。

5.问题的顺序。

一般来说，我们应把简单易答的问题放在问卷的前面，把复杂难答的问题放在后面；把能引起调查对象（被调查者）兴趣的问题放在前面，把容易引起他们紧张或顾虑的问题放在后面；把调查对象熟悉的问题放在前面，不熟悉的问题放在后面；行为方面的问题放在前面，态度、意见、看法方面的问题放在后面；个人背景资料一般放在开头，开放式的问题一般放在结尾。

（四）问卷的发放和回收

问卷的发放和填写有单独和集中两种方式。如果条件允许，最好将调查对象集中在一起，现场由调查者按照问卷的书面指导语对问卷做些解释和说明，然后让调查对象独立作答。调查实施者可以对低年级学生或者问卷中部分难以理解的问题加以举例详细解释说明，但绝不能出现诱导性提示。问卷填写完成后统一回收。问卷回收以后，调查者应把不认真答题（如全都选同一个答案）或作答过程中出现问题的调查对象的问卷进行标注说明。另外，对于题目回答不完整的问卷也要当场标注出，统计时要注意区分无效问卷，无效问卷不进入统计分析之列。

第四节　教育实验法

随着中小学教育科学研究活动的广泛开展和教育教学改革的不断深化，教育实验法日益受到重视。教育实验作为教育科学研究的主要方法之一，同样将推动少先队工作和少先队科研向科学化方向发展。

一、什么是教育实验法

（一）教育实验法的含义

教育实验法是指研究者按照研究目的，合理控制或创设一定条件，人为地变革研究对象，从而验证假设，探讨教育现象因果关系的一种研究方法。教育实验研究将教育现象用量化的手段表现出来，以严格的科学实证评价和设计方法去揭示教育的本质。它的科学性，主要是指实验设计得科学及对实验结果解释得科学，如果失去了其中的任何一个方面，教育实验的科学性就会大大降低。

（二）教育实验法的特点

1.教育实验法以科学假设为前提。

所谓科学的假设，就是在一定的经验事实的基础上，以已有的科学认识成果为依据，运用创造性思维，对某些尚未被认识的事物做出假设性的推测，通过实验的检测，以确定是否属实。

教育实验法，从逻辑意义上来说，就是针对教育中存在的某种问题，提出有科学根据的设想或假说，然后付诸实验的检验，从而得出结论，接受或拒绝假设。例如，师生关系对学生人格发展有哪些影响？某种活动方法能否提升队员的创新能力？针对这些问题都可以提出不同的理论假设，并通过实验加以验证。

2.可控制性。

与观察法、调查法在自然状态下消极等待研究现象的出现不同的是，教育实验法是在严格控制的条件下，研究者可以根据实验目的人为地、主动地创设、操作和控制条件，使要研究的现象发生。它是有计划地、有控制地观察，主动地揭示事物因果关系的一种研究方法。

3.可重复性。

实验研究的目的是探索或验证客观事物间的内在规律。如果研究者重复操作同样的实验，其操作条件不变，那么实验结果在相同条件下应该重复发生。为了进行反复观察并验证观察的结果，同一实验重复多次，其结果仍然有效。教育实验的可靠性取决于它的可重复性，一个好的教育实验能够大面积推广，并取得同样好的实验效果，关键在于教育实验本身所具有的可重复性特点。

4.形成性。

教育实验研究者重视的不是教育实验的结果，而是教育实验中各种教育现象的形成过程，关心教育现象产生的原因，以及这种原因的必然性程度。因此，教育实验研究者是在控制或操纵某些条件或要素（变量）的情况下，去观察和分析所带来的各种变化，以掌握实验的理论假设所期望的结果是如何形成的。

5.周期长。

对一种新的工作方法、新的思想教育方法的实验，往往需要半年到一年甚至几年的时间。教育实验研究的周期较长，进行教育实验，需要在人力、物力和时间上做好充分的准备，制订出周密的计划。

二、教育实验法的变量

在教育实验的过程中，会涉及许多可以变化的因素，如教材、教学方法、教学时间、学生努力水平和学业基础、家长、学校环境等等，我们把教育实验研究中涉及的可以变化的因素统称为"变量"。

根据变量在其实验研究过程中的作用，可以分为自变量、因变量和无关变量。开展教育实验一般是通过操纵自变量、观测因变量和控制无关变量的方式进行。

（一）自变量

自变量是实验者操纵的假定的原因变量。例如：考察不同教学方法对学生的学习成绩有没有显著影响，教学方法就是自变量。

研究者能否成功地操纵自变量，使之真正有效地作用于被试，这是教育实验成功的关键之一。操纵自变量，一是要使自变量发生合乎实验要求的变化，二是要使自变量真正有效地作用于被试，以期引起被试的变化。没有具体的可操作的自变量，就没有教育实验。

（二）因变量

因变量又叫效果变量、实验结果或输出变量，它是通过自变量的作用而产生变化的结果因素，如学习成绩、行为表现等。科学地观测因变量，是教育实验成功的一个关键。

（三）无关变量

无关变量也被称为干扰变量、控制变量，是指教育实验中除了自变量与因变量以外的其他一切变量。

常用三种方法控制无关变量：一是消除法，如在研究不同少先队活动课程对少先队的活动效果时，科学合理的活动安排可影响少先队员的受教育效果，所以应事先科学规划活动计划；二是随机法，如随机选取两个中队进行实验；三是平衡法，设置对照组和实验组，除了自变量外，两组各方面的条件尽可能一致，使无关变量对两组的影响基本相同。

三、教育实验法的类型

（一）根据实验研究的性质和目的划分

根据研究的性质和目的，实验研究可分为探索性实验和验证性实验。探索性实验是探索一个前人从未研究过的新问题，具有开创性。验证性实验是指按照前法再一次进行的实验，既包括仿照别人做过的实验，也包括自己的第二轮实验，目的在于验证自变量是因变量变化的原因。

（二）根据实验的控制程度来划分

根据实验的控制程度来划分，教育实验可以分为前实验、准实验和真实验。

前实验不能随机分派被试，可以进行观察和比较，但对无关干扰和混淆因素缺乏控制，误差程度高。

真实验是能随机分派被试，完全控制无关变量，能系统地操作自变量的实验。

准实验是不能随机分派被试，只能按现存班级或群组进行实验。它不能像真实验那样完全控制无关因素，只能尽量减少误差。严格来说，我们常见的教育实验多数都是准实验。

（三）根据实验的组数和方法来划分

根据实验的组数和方法来划分，教育实验可分为单组实验、等组实验、轮组实验。

单组实验是指向一组实验对象施加一个或数个实验因素，然后测量其发生的变化，借以确定实验因素效果的实验方法。

等组实验是指在甲、乙两组条件相当的情况下，一组施加某种实验因素（称实验组），一组不施加某种实验因素（称控制组或对比组）。通过比较实验组和控制组一段时间后测量结果有无差异来验证实验是不是有效果。

轮组实验过程复杂，少先队教育科研甚至整个中小学科研中都很少使用，这里不再详细介绍。

单组、等组、轮组各有其优缺点，究竟采取哪种或哪几种做法，在实验与研究中应根据实际情况而定。

（四）根据施加实验因素的多寡来划分

单因素实验是在实验中只施加一种实验因素的实验。

双因素实验是在实验中施加两种实验因素的实验。如对某个年级的少先队活动，在活动课程、活动方式、活动时间、辅导员水平等控制的情况下，进行活动课程与活动方式的改革实验，即双因素实验。

多因素实验是在实验中施加三种和三种以上的实验因素的实验。多因素实验比较复杂，少先队教育科研中并不常用。

四、教育实验法的实施步骤

（一）准备阶段

1.确定实验课题和研究目的。

选择和确定好实验课题是课题实验成功的第一步，它直接关系着研究与实验成果的大小乃至研究与实验的成败。教育实验对研究者能力和研究条件等各方面的要求较高，少先队研究要充分明确所选课题研究的理论依据、实践依据和研究价值。

2.提出假设，界定实验的变量。

假说是实验的核心和灵魂，是研究者根据已经掌握的一些事实和原理，对将要研究、解决的问题提出的预想答案，是对客观事实的猜想。一般来说，一个实验至少有一种假设指导，实验前要清楚自变量和因变量的关系。

3.选择实验对象和实验设计模式。

（1）实验对象。

实验对象是从总体中选出的参与实验的对象，也叫被试。选择被试是一个很重要的环节，如果选不好，就会影响实验的进行及结果的可信程度。如是等组实验，确定实验组的同时，还要选择好控制组。

（2）教育实验设计的模式。

在提出假设并界定变量之后，研究者还需要根据实际，尤其是研究人员的能力、研究工具（如测量工具）和物质条件等因素，选择实验模式，即是单组、等组还是循环组实验。

4.制订实验方案。

实验方案是实验工作的总体设计和总体计划。一套完整的实验方案要包括以下要素：实验的目的、假设；指导思想和理论框架；实施措施包括实验的内容、方法、对象、自变量操作、无关变量的控制、因变量的测量、实验周期、人员的分工及预期成果等。

（二）实施阶段

在此阶段，研究者要将研究方案正式转变为研究实践。实验过程中，要控制好无关变量，要做好精确、详细的记录，在各阶段要做准确的测验，要及时搜集有关资料与数据。同时，为排除偶然性，有条件的可进行重复验证性测验。

1.有计划地操纵自变量、控制无关变量。

有的教育实验所涉及的自变量和无关变量相对单一，可以在短时间内做比较精确的操作或控制。但是更多的教育实验则需面对教育活动中的复杂因素及其变化，如学校人事安排、工作思路的调整等。要很好地操纵自变量、控制无关变量，就需要实验人员对有关的研究意图、研究方法和如何按照实验要求组织教育活动等方面有较系统的了解，并能在实践中努力达到这些要求。

2.系统地观测和记录因变量变化情况和其他相关实验情况。

这些研究情况包括自变量的操作情况、无关变量的控制情况、因变量的变化情况等。其中，因变量的变化情况可能涉及少先队、中队辅导员、大队辅导员和学校的重视程度等领域，而每个领域又有着复杂的因素和变化；这些情况对于本项研究的价值，往往只有等研究结束时才能做出全面的判断。因此，研究者要注意系统地观测和记录这些变化。

（三）总结阶段

在实验研究结束时，需要对实验数据和有关资料进行整理、统计、分析，得出实验结论，并撰写实验报告。

1.数据分析。

根据研究目的和该项研究的评价标准，对实验中获得的所有相关数据进行分类整理，根据评价标准对上述数据资料进行分析和判断，获得对整个实验各方面及总体的评价。在分析定量数据时，常计算总分、平均分、频次分布，甚至进行显著性检验。

2.归因分析。

对实验结果进行归因分析，以判明这些结果是否由实验措施所引起的；也可以说，要进一步分析自变量与因变量之间究竟是否存在着假说所预示的因果关系。

在做归因分析时，主要运用的就是"实验归因的逻辑"，具体涉及求同法、求异法等。这里同样需要注意分析因素之间究竟是相关关系（两个因素之间有关联，但是这个因素的变化是不是另外一个因素变化的原因，是不能被确定的）还是因果关系（某个因素的存在一定会导致某个特定结果的产生），并慎重得出结论。

3.撰写实验报告。

实验报告是反映一个实验研究的结果并将其公之于世的书面形式，是对实验研究的进一步验证、认可、推广和深入研究。实验报告如果写得不好，整个实验研究就会"功亏一篑，前功尽弃"。一般来说，在撰写少先队实验报告时，要以陈述事实为主，进行必要的定性分析和定量分析，同时要遵循撰写实验报告的常规。

五、运用教育实验法应注意的几个问题

在诸多的少先队教育科研方法中，实验法同其他方法相比，要求比较严格，实施难度较大。运用此方法开展研究时除了严格遵从上述方法步骤外，还要注意以下几个问题：

（一）少先队教育实验一定得有先进的教育理论指导

从少先队课题的选择到假设的提出，乃至变量的选择，都必须遵从一定的教育理论。没有先进的教育理论为指导，实验研究可能会无法达到研究目标，甚至得出错误的结论。少先队实验的目的，就是检验假设是否正确。很明显，一个实验的假设是否明确、恰当，对于该实验的成功与否和实验研究的价值大小有着重要的影响。而假设的确立就是基于教育理论基础之上的。

（二）少先队实验设计要符合基本的道德准则

少先队教育实验不同于一般自然科学实验的显著之处就在于前者的研究对象是人。任何实验设计都不能对被试（即使是个别被试）的身心健康产生不良影响。这是少先队实验研究设计首要遵循的伦理准则。

（三）科学地确立各变量，因变量的测查要规范

选好自变量、因变量，控制好无关变量，对因变量的评价指标和评价工具一定要科学合理。如关于培养队员劳动习惯的少先队教育实验，则必须有衡量少先队员劳动习惯变化情况的指标，不能笼统地说"提高了""有了明显的效果"等。

（四）明确少先队教育实验法的应用局限

由于教育研究中的许多变量是无法操纵、难以控制的，因而并非所有课题都能通过实验法去研究。另外，单组实验容易

受到时间的影响，很难说清被试的变化究竟是实验期间个体变得成熟还是实验因素的影响，而如要采用等组实验，想找到一个与实验组各方面条件基本一样的控制组又不太容易。最后，由于实验情境是被人为控制和操纵的，可能与实际生活情境存在一些差距，因此，从少先队实验情境中获得的结论并不完全适用于少先队实际生活情景。

第五节　个案研究法

　　我国著名幼儿教育家和儿童心理学家陈鹤琴先生对他的第一个孩子进行了长达808天的研究，据此撰写了儿童心理学领域中的名著《儿童心理之研究》。个案研究法在中小学少先队教育科研中使用比较广泛，对少先队工作者来说，是一种比较常用的、易于实施的科研方法。

一、什么是个案研究法

（一）个案研究法的含义

　　个案研究法又称"典型研究法"，是对某一个案的若干特征或过程进行长期深入考察的科学研究方法。个案研究的对象可以是个人，也可以是一个组织或机构。前者如对一个或几个优等生或差生进行个案分析；后者如对某个优秀中队或大队进行个案研究。

　　教育领域中的个案研究，主要以学生为研究对象。在我们的少先队教育科研中，既有以少先队员个体（学生）为对象的个案研究，也有以少先队活动、某一级少先队组织为对象的个案研究。

（二）个案研究法的特点

　　1.单一性。

　　个案研究的对象是一个具体的个体、教育事件或团体，所以，其研究对象具有单一性的特点。一项个案研究的问题也是单一的，研究的焦点比较集中。

2.典型性。

典型性也可称作特殊性，即研究对象与众不同，如对逃学学生的研究。一项个案研究要研究的问题应具有典型意义，或迫切需要解决，或可以推广借鉴。

3.精细性。

个案法强调对问题真相的了解以及对深层原因的分析，要精细、深刻，不能浮于表面。个案法的研究对象具体、单一，研究目的明确，这也使得我们精致分析和研究成为可能。

4.研究的长期性。

一般而言，个案法的研究持续时间比较长。这是因为：

（1）个案法要求全面搜集研究对象的资料，不仅要把握研究对象的现状，而且要追根溯源，了解其整个发展过程中的所有情况。

（2）对于教育干预的个案来说，行为的改进是一个比较缓慢的过程，要经过一段时间的发展指导，研究对象才可能产生变化。

（3）措施是否有效，需要长时间的观察或进一步追踪研究。

由此可见，个案研究适用于对具有对典型意义的人和事进行研究。个案研究的对象少，研究规模也较小，同时个案研究一般都是在没有控制的自然状态中进行的，也无须在一段时间内突击完成。所以，个案研究比较适合事务繁多、时间和精力相对有限的辅导员。

二、个案研究的基本步骤

以面向学生的个案研究为例，个案研究一般包括六个基本步骤。

（一）确定研究对象

有效地选择研究对象十分重要，这关系到所得出的结论是否有价值。研究者应根据个案研究的目的和内容，确定在某一方面具有典型特征的人或事作为研究对象。

当然，个案研究不仅应用于行为有问题的学生，也可应用于研究正常与资质优异的学生。如对某一学生创造能力发展的个案研究，可以根据他平日是否经常有些小发明、小制作、小创造，是否爱提问、愿动手，以及能否列举出一些反映他头脑灵活、思维敏捷的事例。在此基础上可以将该生确定为个案研究的对象。

（二）搜集研究资料

搜集全面的研究资料，是个案研究有效性的重要保证。尽量全面地搜集个案研究资料有助于研究者对个案的历史与现状有一个比较完整、客观的认识。资料的来源大致有三种：个案本身的资料、学校记录、家庭和社会背景。

1.个案本身的资料，除姓名、性别、年龄、学习程度、兴趣爱好等基本信息外，还要尽可能地收集个案的作业本、日记、周记等材料。

2.学校记录，除个案就读学校、年级、班别和出勤等基本情况外，还应包括个案过去所有的成绩记录、平时表现、操行评语、课外活动、所得奖惩情况以及老师和同学们的判断等。

3.家庭与社会背景方面，包括父母受教育程度、父母职业、家庭经济状况、家庭氛围、有无兄弟姐妹、父母教养方式及对研究对象的态度，研究对象在家庭内所处的地位、与家人的情感状况、平时常交的朋友或法律记录等资料也要根据研究需要确定是否需要搜集。

研究资料的搜集可以采用多种方式进行，如让家长、教师等有关人员填写调查表，让研究对象填答调查问卷，查阅研究对象的作业及日记，对研究对象或家长、教师、同学开展访谈，对个案进行观察并记录下一些重要的事件。

（三）分析整理资料

在搜集完个案的资料之后，接着要做的工作就是对所搜集到的资料进行整理。研究者必须认真研读资料，归类提炼有用的资料，确定对个案发展有突出作用的某些因素，认真分析形成问题的原因，从而对个案做出正确的诊断。在进行整理分析资料时，研究者应秉持中立立场，抛却主观偏见，重在对事件本身进行分析，在事实的基础上进行符合实际的分析。

资料整理过程中我们常用缩减法、索引法和归类法。缩减法就是将资料按重要程度进行标记后，把不重要的资料剔除，对重要的部分进行提炼归纳；索引法不删减原始资料，但需对资料做上索引标识，便于查找归类；归类法就是按照一定的标准对资料进行分类，将说明同一问题的资料集中在一起。对资料进行分析加工的过程中，最为常用的逻辑思维方式就是分析和综合。通过分析与综合找出个案发展变化的特征和规律，在此基础上做出科学合理的诊断。

（四）对个案发展进行指导

个案的发展指导是指在对资料进行整理、分析的基础上，设计一套因材施教的方案，并加以实施。造成个体心理和行为问题的原因不外乎客观因素和主观因素两方面。因此，对个案的发展指导也应从这两个方面入手。

1.对少先队员自身内在的因素加以矫正。

例如，通过心理辅导，改善和发展少先队员的情感、情绪、人格倾向等，使少先队员克服习惯性焦虑的情绪，改善过分孤僻的性格；通过思想教育，提高或改善少先队员的世界观、人生观、价值观、道德观等。

2.改善可能改善的外部条件，使之适应少先队员发展的需要。

家庭中的气氛、父母对子女的教育方式、校外教育机构的作用、学校教育措施以及少先队员的人际关系等因素都可能对队员的身心成长和发展带来影响。针对个案的实际情况，对个案提出一些有针对性的要求，或采取降低家长对孩子的过高期望，改变辅导员对少先队员的看法，布置给少先队员一定的任务，调整该少先队员的座位等措施。此外，对于那些不可能得到改善或发展的外因条件，应提出加以防范或疏导的措施。优化个体成长环境，需要社会、家庭、学校、社区、个案研究者等共同合作。

如果个案研究对象为资质优异、超长发展、工作能力超群的学生，研究目的是推广经验、树立典型，而非补救和矫治，就谈不上因材施教了。当然，如果在对典型案例进行研究的过程中发现一些可以改进的问题，则应客观地指出来，指导和促进个案的发展。

（五）追踪研究

个案研究是深度研究的一种。由于对个案的发展指导需要一定时间才能取得效果，所以往往需要进行追踪研究，以测定与评价教育指导措施的实践效果。在追踪研究中，可根据个案的发展变化、教育和环境的变化，修订发展指导方案。

（六）撰写个案研究报告

研究报告的撰写是对前面大量工作的归纳总结。个案报告一般采用记叙的表达方式对所观察到的事件进行描述和分析，总结归纳案例研究过程、特点及所得结果。个案报告应具有很强的可读性。

个案研究因其研究方法的特殊性，报告的撰写格式不同于一般的研究报告，通常情况下个案研究报告应该包括以下几个部分：

1.研究的目的和意义（问题的提出）。主要包括对个案情况的介绍，以及为什么要对个案进行研究，研究个案是为了达到什么样的目的。

2.个案研究的过程。交代研究者如何搜集和分析资料，如何寻找并确立研究个案的指导策略，如何实施干预等。一般分为原因诊断、干预措施两部分来写。对研究过程的表述是研究报告的重要内容，叙述要详细，使读者能够清晰地了解研究过程。

3.研究结论及解释。从个案研究的结果中推论出比较具有普遍意义的结论，并且对结论的有效性和真实性做出解释。

三、以少先队活动为对象的个案研究

少先队活动是少先队团结教育少年儿童的主要途径和方式。以少先队活动为对象开展的个案研究，其主要目的是获得一个活动或一组系列活动的策划、实施和总结的基本经验，使少先队活动科学地、创造性地开展，提高质量，增强教育效果，进而推广普及，提升少先队活动的整体水平。

以少先队活动为对象的个案研究，要在少先队活动理论指导下进行。少先队教育专家张先翱认为，少先队活动是由指导者辅导员（P1），活动主体队组织和队员（P2），活动目的、任

务、内容（P3），活动方法（P4），环境、条件（P5）等五个要素组成的一个大系统。活动的效能与这五个要素之间呈函数关系，改善每个要素都能取得活动效能的改变，五个要素之间也是相互影响、相互作用的。因此，以少先队活动为对象的个案研究，既可以研究一个少先队活动中某个要素的改善，也可以研究一个少先队活动中五个要素怎样配合才能相互适应与和谐。

例如，某中队辅导员在组织中队活动时，薄弱环节体现在队组织和队员的主体地位较差，那么就可以选择"P2"为个案研究的课题；而另一位中队辅导员在组织中队活动时，薄弱环节体现在活动方法比较单调，缺乏吸引力，他就可以选择"P4"为个案研究的课题。又如，某大队辅导员在组织大队活动时，很难处理五个要素之间的关系，他就可以选择"五个要素怎样才能相互适应与和谐"为个案研究的课题。

以少先队活动为对象的个案研究，步骤可以参照以个体为对象的研究执行，即"确定研究对象（立案）—搜集研究资料—分析整理资料（诊断）—计划并实施指导—追踪并总结—撰写报告"。由于少先队活动涉及的要素较多并且它们之间的关系复杂，加上活动实施的过程较长，最好同时采用行动研究法进行研究。

四、进行个案研究应注意的几个问题

（一）整理、分析、撰写应基于事实之上

个案研究要求必须广泛收集各项资料。无论是被研究者个人的陈述，或是他人的判断，以至谈话者的意见，很多都是主观资料。如果判断错误或处理不当，或使被研究者蒙受莫大的损失，或使案例失真从而失去借鉴价值。在整理资料的过程

中，要尊重事件的真相，尽量保持客观中立的态度，不要带着某种期待和偏见进行个案资料分析。研究报告的撰写也都应以事实为依据，不能随意杜撰。

（二）遵守一定的道德准则，保证学生的隐私权

个案研究的对象（人）如果有心理、行为问题，或者家庭出现变故等，研究者要对这些个人资料绝对保密，不能有意、无意地披露研究对象的有关信息。报告撰写中应杜绝出现真正的人名和地名，绝不能侵犯研究对象的隐私权。在访谈过程中，不经被访者允许，也不能私自录音、录像。

（三）积极寻求教育专家和心理专家的帮助

为增加研究的科学性、规范性和理论性，可请校外专家协助分析问题的成因或协助制定行动指导方案，并指导具体的行动。当遇到问题较为严重的个案（如重度抑郁的学生）时，必须寻求专家尤其是心理专家的帮助，不可擅自处理。

（四）正确认识个案研究的局限性

个案研究是以某个个体、事件、组织或机构为研究对象，其研究结果不具有代表性、普遍性，所以，不能把个案研究成果做过多推广。

第六节　行动研究法

行动研究最早出现在20世纪40年代美国的社会科学研究中，20世纪50年代被应用于教育研究领域，20世纪70年代以来越来越受到教育工作者的欢迎。如今，行动研究广泛应用于社会科学的各个领域，已成为广大教育实践工作者从事实践研究的重要形式。少先队校本科研的小课题研究，一般采用的是行动研究法。

一、行动研究的含义及特征

（一）行动研究的含义

行动研究一词是1946年库勒温（Kurt Lewin）提出的。他认为，研究的结果必须能为实践者付诸应用，并利用自己的经验进行检验，因而他鼓励实践者参与研究，并把这种实践者在行动中为解决自身问题而参与进行的研究，称为行动研究。[1]

行动研究的重要推动者英国学者艾略特认为，行动研究是对社会情境的研究，是从改善社会情境中行动质量的角度来进行研究的一种取向。《国际教育百科全书》将"行动研究"定义为：由社会情境（教育情境）的参与者为提高对所从事的社会或教育实践的理性认识，为加深对实践活动及其所依赖的背景的理解所进行的反思研究。在行动研究中，教育工作者（参

---

[1] 马壮：《教师行动研究——促进研究型教师成长的平台》，硕士学位论文，河南大学，2004。

与者）不是研究的对象，而是研究的主体，通过研究和行动的双重活动，将研究的发现运用于自己的工作实践，进而提高实践行动的能力。[①]

由此可见，行动研究是对实际工作者所在的具体工作情境的研究，是以改进和解决工作中的实际问题为最终目的。

行动研究具有不同的层次，它包括教师个人单独研究，学校范围内若干教师的合作研究，科研人员与教师的合作研究，科研人员、教师、行政领导三结合的研究。其中后两者比较常见，也是我们重点提倡和推广的。

（二）行动研究的主要特征

行动研究的主要特征可以概括为三个方面："为行动而研究""在行动中研究""由行动者研究"。

"为行动而研究"是指行动研究的目的，不是构建系统的学术理论，而是为了解决实践工作者在实际工作开展过程中遇到的问题，改进现状。行动研究的问题来源于研究者在工作情境中所发生、所关注的问题，如：为了改变本校少先队活动不够活跃的现状，选择"少先队活动多样化"课题进行行动研究。

"在行动中研究"是指研究的情境与方式。研究的情境就是实践工作者所在的真实的工作情境，并非经过特别安排或控制的特定场景。行动研究的研究过程就是实践工作者在教育教学工作中探索并解决问题的过程，是一种行动的表现，也是工作者不断学习、不断反思、提高问题探究与问题解决能力的过程。

"由行动者研究"是指教育实践工作者是教育研究的主

---

① 马壮：《教师行动研究——促进研究型教师成长的平台》，硕士学位论文，河南大学，2004。

体。外来的专家学者参与研究扮演的角色是提供意见与咨询，是协作者。研究课题确立后，可以建立包括少先队辅导员、教师、专职教科研人员或教育行政人员参加的教育科研队伍，辅导员得到专家的帮助和行政的支持。研究结束后，辅导员又成为成果的应用者。

由于行动研究的研究者就是实践者本人，所以其研究过程与实践过程完全统一。行动研究的研究目的是解决实际工作中存在的问题，与少先队辅导员工作实际相吻合。因此，我国少先队教育专家张先翱认为，行动研究是少先队科研最主要的、最基本的研究方法，是少先队科研的最佳选择。

二、行动研究的基本步骤

行动研究不强调严格控制实验条件或进行对比，允许在总目标的指引下，边行动边调整方案，即所谓"走一步，看一步"。研究者可依据行动研究中逐步加深的认识和实际情况，修改和调整研究计划。行动研究法自产生以来，出现了多种操作模式，实施行动研究的具体步骤上也存在一定的差异。但是，"行动研究的过程是螺旋式加深的发展过程"却是所有研究者的共识。每个螺旋发展圈都包括计划、行动、观察和反思四个互相联系、互相依赖的环节。行动研究就是在"计划—行动—观察—反思—修订计划—行动—观察—反思"的循环过程中得到实施和推进的。

（一）计划

计划是行动研究的第一环节，其主要任务是发现、明确问题，分析问题和制订计划。

行动研究是一种以问题为中心的研究方式。发现问题是行动研究的起点。少先队工作者在教育教学过程中经常会遇到这样那样的问题，选择并确立拟研究的问题后，应对问题的现状、重要性及其制约因素等进行查找与分析，然后，行动者根据自己或他人的经验，依据一定的科学理论，设计解决这一问题的总体计划。一般来说，总体计划应包含预期目标（产生哪些效果）、拟采取哪些教育行动、行动步骤与行动时间安排等内容。其中，教育行动要"少而精"，不宜"多而杂"，能用两个教育行动能解决的问题绝对不要用三个。这样研究者可以集中精力把行动策划和实施开展得十分精致，从而使行动产生预期的效果，也便于在反思和总结的时候对行动的作用进行归因。预期目标应尽可能客观、具体，必须是行动者能够做到的。所采取的应对研究也必须能在经过一段时间的实施后可以以一定的指标测量出成果。[①]

（二）行动

行动即研究计划的实施，是研究者有目的地实施计划的过程。在研究过程中，随着行动者对问题的体会、认识逐渐深化，以及对各种信息反馈的了解增多，行动者不断修改、调整研究计划，不断调整研究行动。行动的目的是解决实际问题，而不是检验某一计划，因此，可以边行动边调整。

（三）观察

观察是对行动的过程、结果、背景以及行动者特点的考察。行动即实践。实践的复杂性决定了行动研究必须要受到诸多不可预测、不可控因素的影响和制约。因此，需要行动者在行动过程中对行动背景因素及其制约方式、行动过程进行观

---

① 徐冰鸥：《中小学教师怎样进行课题研究（五）——教育科研方法之个案研究法》，《教育理论与实践》2008 年第 14 期。

察。此外，为了获得判断效果是不是由方案带来的过程资料和方案带来了什么效果的结果资料，也需要对行动过程、行动结果进行观察。对行动过程的观察主要包括什么人以什么方式参与了计划的实施，使用了哪些材料，开展了哪些活动，有无意外的变化，如何排除干扰等。行动结果，即研究者的行动对研究对象产生了哪些影响，研究对象出现哪些行为或态度转变，包括预期的、非预期的，积极的和消极的等不同方面。①

观察一定要科学。一般来说，行动者可以邀请自己的同事或相关领域的从业者来帮助观察和记录，也可委托一个或几个研究对象进行这项工作。有条件的学校可以对整个研究实地进行多方位的录音、录像，这是一种最为准确和客观的观察方法，但因其造价高，实施难度较大。

（四）反思

在这一阶段，研究者（行动者）对行动实施的效果和过程进行全面的分析、总结和评价，并在此基础上形成下一步计划。反思是一个螺旋圈的总结，又是过渡到另一个螺旋圈的中介。

研究者在反思这一环节应注意：

1.反思的内容要全面。要对研究实施以来的整个行动研究涉及的环节、问题进行反思，如：问题的界定是否科学，研究计划是否周详，计划是否全面实施，实践是否有效，观察记录是否有误，研究中遇到困难如何解决，资料的分析和解释是否慎重与恰当，进而对感受到的、观察到的各种现象进行归纳整理，描述出本循环的过程和结果。

---

① 傅文第：《中小学教育科研的基本程序（上）》，《教育探索》2001 年第 12 期。

2.反思要以实际问题的解决程度为依据，而不追求解释是否完善。这一环节中，研究者需要对行动的过程和结果进行判断评价，分析有关现象和原因，找出计划与结果的不一致性，并拟订下一步行动计划，从而开启"计划—行动—观察—反思"的又一个循环。

3.注意研究报告的书写。行动研究告一段落后，应该写一份总结性的研究报告。也就是说研究者不仅要会"做"，而且要会把"做"的过程和结果写出来。少先队行动研究报告可分为研究概况（简要说明研究意义、研究目的、对象、主要行动和起止时间）、实践效果（回答研究目的中的教育目标是否达到和达到的程度，在对数据、典型事例进行分析的基础上呈现研究效果）、研究结论（总结经验，呈现研究发现的规律性问题）、问题讨论（反思该项研究的不足，提出进一步研究的方向）四大部分。

在研究报告撰写之前，也就是行动研究马上告一段落之时，要对教育行动的效果进行检测，即通过行动研究是否达到研究方案中提出的教育目标，在多大程度上取得了变化和发展。对行动研究来说，"问题即课题，效果即成果"。行动研究的效果检测，一般采用"前测与后测比较"的模式，即用研究对象的"现在"与行动研究前的状况进行比较，可以使用调查问卷、作品分析、评定等多种方法进行，也可结合使用对有代表性的研究对象进行典型分析的方法。

三、行动研究中应该注意的问题

行动研究不仅可以帮助研究者发现和发展实践性知识，也可以提高其自我反思意识和能力，改进工作方式，提升教育教学质量。并且由于行动研究更多的是协同进行的方式，团队成员之间的讨论、与行政人员的联系沟通等可以提升学校专业文化的发展。在进行行动研究中应注意以下几个问题：

（一）行动研究过程不排斥其他研究方法的运用

开展教育行动研究时，可以综合使用其他研究方法，如调查法、观察法、个案法、经验总结法等都可以在行动研究中加以应用。对其他研究方法的吸收和借鉴，可以提高教育科学研究的水平和层次。

（二）行动研究实施受研究者自身素养等多种因素制约

我们倡导行动研究，但并不是任何人都适合做行动研究。一个合格的行动研究者，应具备基本的研究知识和能力，应秉承客观公正的研究态度，会充分运用各种资源（研究人员、图书、期刊、互联网等），并拥有充足的研究时间。行动研究需要一定的周期，不是短时间可以速成的，只有在不断的实践和反省中不断改进，才能积累经验，精益求精。

（三）行动研究的应用具有一定的局限性

行动研究的灵活性较强，但其主要适用于实际工作而不是理论问题的研究。行动研究简便易行，易于操作实践，但缺乏科学研究的严密性。由于不能严格控制条件，其结果的准确性、可靠性不够。此外，由于行动研究是在某一实际情境下开展的研究，研究缺乏代表性，成果本身具有主观色彩，所以，成果推广具有一定的局限性。在鼓励和倡导一线少先队工作者开展行动研究的同时，也必须清醒地看到应用行动研究的局限性。

第十三章

少先队课题研究报告的撰写思路

研究报告是反映一项研究结果并将其公之于世的书面形式，撰写研究报告通常是一项研究的"收官"工作。研究报告不仅是对研究过程的高度概括和科学总结，更主要的是能通过刊登于报纸杂志、打印散发、学术会议交流等各种途径，让更多的人能了解，并评判、接受或应用这一研究成果。我们撰写少先队课题研究报告，也主要是从这一目标着手的。①

一篇规范、合格的少先队课题研究报告，需要回答好三个问题：一是"为什么要选择这项课题进行研究？"即这项课题是在怎样的背景下提出来的，研究这项课题有什么理论意义和现实意义。二是"这项课题是怎样进行研究的？"要着重讲清研究的理论依据、目标、内容、方法、步骤，概括描述研究的主要过程。三是"课题研究取得哪些研究成果？"呈现研究结果并得出结论、对策或建议。②在撰写少先队课题研究报告时要注意，对前两个问题的回答要简明扼要，绝不能超过研究报告的二分之一，第三个问题是研究报告的主体部分，应重点去写。

一、撰写前的准备

我国著名的少先队科研专家吴凯建议，撰写少先队课题研究报告前应做好以下准备工作：

成立一个3-5人的写作小组，由课题组长和研究中的骨干少先队辅导员组成，承担撰写研究报告的任务；

查阅课题研究以来积累的重要资料（如文献、研究方案、学期执行计划、中期总结、阶段成果、收集的数据等），熟悉和反思研究的全过程；

---

① 肖洪寿：《怎样撰写课题研究报告》，《江西教育科研》2002年第10期。
② 肖洪寿：《怎样撰写课题研究报告》，《江西教育科研》2002年第10期。

做好对原始资料的整理、分析，明确研究的主要成果（如是个案研究、行动研究，需全面评估课题研究的实践效果）。

召开几次课题组成员的小型座谈会，对研究中获得的经验和发现的规律进行深入的探讨，明确需要进一步解决的问题；

经过反复研究和修改，拟定详细的少先队课题研究报告提纲，由写作小组按提纲写出初稿。如果是分工合写，最后由一人统稿。

此外，根据我们多年的少先队科研经验，建议尽量由既经历研究全过程，又谙熟教育理论与实践，善于提出问题和思考问题的课题组人员执笔撰写少先队课题研究报告。

二、研究报告的常见结构及撰写要求

在个案研究、观察研究、调查研究、实验研究以后撰写的个案研究报告、观察报告、调查报告、实验报告及综合研究报告等，格式并不完全相同。但一般来讲，研究报告包括标题、摘要、正文、附录等项目。研究报告的格式和内容与详细的课题设计方案差不多，研究报告的某些部分甚至可以说是对课题设计方案的数据填充。但研究报告是关于一项课题研究成果的表达，与课题方案有着本质的区别。

下面具体介绍一下研究报告的常见结构及相关部分的撰写要求。

（一）标题、署名

标题是文章的"窗户"。一个好的标题常常可以起到极好的"点睛"作用。一些有经验的编辑和专家，往往只看一眼标题就可以大概地判断出文章的好坏，所以给研究报告取个好标题非常重要。

课题研究报告的标题常常直接采用研究课题的名称，这样显得精确、明了，使人能对所研究的问题一目了然，如"'五好少年'培养路径与载体的实验研究"。标题之下是署名，署名是表示哪些研究者对该项研究及报告负责。有时参加研究的人员很多，不便——署名，可以署课题组、课题协作组等，然后作一小注，注明参加课题研究的人员或单位及研究报告的执笔者，如果有协助研究的非课题组成员或单位，或指导该项研究的人员，也可在小注中列出并致谢。

（二）摘要、关键词

摘要是以提供文献内容梗概为目的，即不阅读全文，读者就能通过摘要获得必要的信息。如果是实证类研究报告，摘要的基本要素包括研究目的、方法、结果和结论。具体地讲就是研究工作的主要对象和范围，采用的手段和方法，得出的结果和重要的结论。摘要必须清晰呈现出作者的主张或观点。就写作要求来说，摘要的内容必须完整、简明、确切、使人一目了然。以准确的语言概括说明研究报告的主要内容并非易事，因此需要逐字推敲。学术论文的摘要一般在300字以内，研究报告的摘要一般不能少于300字，最高不超过1000字。建议采用"对……进行了研究""进行了……调查"等记述方法，避免出现"本文""我们"等主语。

关键词是在文章中出现频率比较高，与研究课题直接相关的词语，一般以3—5个为宜。如研究报告《少年儿童的责任意识现状及培养研究》，关键词可能为"少年儿童""责任意识""现状调查""少先队活动""教育培养"。

（三）正文

就实证类如调查研究、实验研究的报告撰写来说，正文一般包括引言、研究方法、结果、讨论等四大部分。如果是文献研究、理论研究等定性类课题的研究报告，正文常见的结构包括引言和研究的发现（应把主要发现或观点按逻辑逐次列为一级标题）两大部分。下面重点谈谈实证类研究报告写作的要点或注意事项。

1.引言。

报告的第一部分常常以引言的形式，非常简要地阐述下列内容：课题提出的缘由；研究这一课题的意义；目前国内外在这一方面的研究成果、现状、问题及趋势；该项研究所要解决的问题。

这一部分虽然只是报告的"引言"（也可写作"前言""问题的提出"），但它却可以显示该项研究的意义和价值，并对研究问题有所介绍。前言应简洁、明了，根据需要可以分为课题研究的背景、国内外研究现状、本研究的目的和意义等几个小标题。前言部分要仔细措辞，使之既能很好地阐述"为什么开展此项研究"，又能恰到好处地赢得读者的信赖和注意。课题研究方案中虽然已有这部分的内容，不过，随着研究和思考的深入，应在它的基础上有所发展或补充。如果是实验研究，这里必须阐明实验目的和基本假设。

2.研究方法。

这一部分主要是向读者交代研究方法及研究过程，目的是让读者了解整个研究的全过程，以便评价整个研究在方法论和教育理论上的科学性和客观性，让读者据此决定是否承认和接受该项研究所得出的结果。

一项课题的研究，往往要采用多种科研方法。比如，采用实验法，同时也可能采用问卷法、访谈法、内容分析法等。这部分的陈述，除了列出实际研究过程中采用的科研方法，还要根据不同的方法对有关问题进行说明。如采用问卷调查法，则应介绍抽样方法、样本构成（哪些人参加调查，男女各多少人，年龄、城乡、是否独生子女等情况，是用什么方法确定这些人的）、问卷来源（是自编还是采用别人已发表的）、问卷的主要内容、问卷的发放方式等。如采用实验法，则应对研究对象的取样和选择、研究因素的实施与控制、实验的具体步骤、资料的收集与处理等方面所采用的方法与实施的技术手段进行介绍。

3.研究结果。

研究结果是研究报告的重点内容。这一部分主要包括两个内容：一是对在研究中所收集的原始文献资料和观察资料、实验资料经过初步整理、分析后的结果，如对定性资料的归纳、概括，对定量资料列出具体数据、图表等；二是对资料初步整理分析后，采用一些逻辑的或统计分析技术，从数量变化中揭示出所研究事物的内在必然联系，据此得出研究的结果和最后的结论。所以这一部分的标题也常作"结果和结论"。如果是教育实验，此部分标题应为"实验结果"。

少先队教育科研作为一种社会科学研究，既要重视定性的分析，也要注重定量的分析，既可以有一两个典型事例或一些数据资料作为佐证，更要有对客观数据资料的统计分析处理。

这一部分的撰写中应注意以下几点：

（1）要将有关材料加以组合，归纳提炼后形成相对集中的专题性内容，并为每个专题性内容确立一个能准确表达该部分研究结果的标题，从不同的方面阐述研究结果，从而使研究结果的表述更为条理清晰、直观明了。

（2）在论证研究结果的各个方面时，不能仅用几个事例来以一概全，更不要把一些琐碎的事例不加取舍、事无巨细地一一列举和表述。要重视典型实例与数据分析的综合应用，做到观点鲜明、逻辑严谨、资料翔实。

（3）对于数据资料，应采用一些统计分析技术，能用统计表格和图示呈现的数据一定用图表呈现。已用统计图表表述过的事实，没有必要再用文字一一重复叙述，只要指出这些数字所说明的问题即可。

（4）结果与结论仅仅是对研究所收集的事实材料的客观归纳。在这一部分只可以列举客观材料，严谨地提出结论，切忌夸夸其谈、任意引申和发挥。

总之，研究结果、结论部分应以事实与数字为主，文字叙述要简洁明了，结论要明晰准确。

4.讨论、建议。

讨论是研究者根据研究得出的客观事实和结论，结合自己对相关理论和实践的认识和了解，通过分析与思考，对当前理论或实践的发展提出自己的认识、建议和思考。因此，这一部分也常常以"分析与讨论""讨论与建议""几点建议""几点思考"等作为标题。

为了叙述和讨论的便利，这一部分也可以与结果部分合二为一，或先呈现结果，接着对结果进行讨论；或夹叙夹议，交错进行。研究结果呈现的是研究中的客观事实，而讨论则是主观的认识与分析，是研究者从理论的角度对结果所做的进一步的阐述和分析。

对研究结果的认识，可以是"仁者见仁，智者见智"。但是作为研究报告的撰写者，必须对研究结果有一个全面透彻的分析。这就要求报告撰写者要亲身经历研究的整个过程，准确、全面了解与研究有关的资料，善于发现问题和思考问题，善于从理论的角度、实践的角度，多侧面地对研究结果进行分析和讨论。在分析讨论中，可以沿用一些理论与说法，可以提出一些针对性的意见、建议和对策、措施，可以提出个人的一些看法和思考，也可以提出由于开展该项研究而发现的新问题、新设想，指出进一步研究的方向。

这一部分应根据实际内容的多少，可长可短，一般是以1、2、3、4的编号方式，将研究者的观点一一列出。讨论和建议一定要围绕研究结果展开，不能海阔天空、任意发挥，特别是建议部分，更不能洋洋洒洒写了千言，但与本研究的内容和结果无关。

（四）附录、附注

研究过程中收集的一些客观材料，研究中采用的一些工具、设备、资料等，常常作为附录，列在研究报告的后面。附录主要包括以下三个方面的内容：

一是研究中参考、引用的重要文献资料目录。研究中主要参考的文献一般以"参考文献"的方式出现在文后，文中引用的重要文献或以脚注的形式出现在当页文章，或以"注释"的方式出现在文后。参考文献的书写方式是以阿拉伯数字为序号，如果文献来源于报刊上，应列出作者姓名、文章题目、报刊名称及期数；如果文献是一本书，则注明作者、书名、出版单位、出版时间和版本。引用的文献资料的书写，除了遵从上述表述方式外，还要注明引文在原文中的起始页码。具体的参考文献格式可查阅国家标准GB/T 7714—2019《信息与文献 参考文献著录规则》。

二是研究中所收集的重要原始材料，如能反映研究成果的学生日记、作品等。所附原始材料要坚持少而精的原则，切忌累赘、繁杂。有的课题研究报告不足1万字，而附录中的原始材料却有厚厚的两大本，这是极为不妥的。

三是研究中所采用的设备、工具和手段，如研究过程中使用的调查问卷、测试卷等。这也是评判一项研究是否科学、规范的重要指标。注意这里的调查问卷、测试卷不是调查、测试后回收来的一份份被试填写完的卷子，而是用来调查和测试的原始问卷。

少先队学术研究报告的书写结构主要依据目前教育类期刊稿件的要求，服务于学术交流的目的。研究报告撰写中常见的另一种结构则是由"课题提出的背景、意义；课题研究的理论依据；课题研究的目标（实验报告中应改为'实验假设'）；课题研究的主要内容；课题研究的方法；课题研究的步骤、主要过程；研究结果、讨论、结论（实验报告中应改为'实验结果与分析'）；研究存在的主要问题及今后的设想或建议；附录、附注"九大部分构成。当然，也可根据实际情况，写出如"研究概况、实践效果、研究结论、问题讨论"几部分构成的行动研究报告。虽然研究报告的基本结构不尽相同，但都能在前文叙述的结构及撰写要求中找到相对应的部分。

三、少先队研究报告撰写的注意事项

撰写少先队研究报告时，还应注意以下事项：

第一，少先队研究报告不是整个研究过程的经验总结，研究的经验、体会、感想等不能写进研究报告；

第二，少先队研究报告的语言文字要简洁流畅、准确和规范，切忌使用累赘、重复及抒情与经验总结式的语言；

第三，少先队研究报告的图表格式要规范、美观，标题、标目、数学、表注等要素齐全（可具体参阅相关资料）；

第四，少先队课题研究成果的表述并无定法，但有常规可循。在撰写研究报告时，要按照一定的格式，不能忽视基本的规范要求。但也不要盲目地模仿专业研究人员（或其他同行）的范例，要在遵守规范的基础上，尽可能用自己擅长的方式表述研究成果。

最后，少先队研究报告基本撰写完成后，应回头系统地看一遍或几遍，以检查整篇研究报告观点是否正确、事实是否确凿、思路是否清晰、逻辑是否严谨。最后再核对一下数据，并对文字做系统的润色和推敲，使少先队研究报告逐步趋于完善。

第十四章

少先队工作档案的创新性管理与应用

第一节　少先队工作档案概述

一、档案概念及其含义

人们在长期的社会实践中，会产生大量的实践活动记录，这些记录被保留下来，对之后类似的实践活动能够发挥重要作用。这些实践记录就是档案的雏形。

少先队工作档案是档案的一个种类，是档案工作的重要组成部分。对于其档案的定义有不同的解释。借鉴中外许多档案定义的优点，结合工作实际，现对少先队工作档案的概念做如下表述：

少先队工作档案是少先队组织和辅导员以及少先队员在少先队活动中直接形成的，具有保存价值的各种文字、图表、声像、电子和实物等不同形式的历史记录。

上述概念基本含义有以下四个方面：

1.少先队工作档案是少先队组织和辅导员以及少先队员在少先队活动中形成的。

档案的重要特点之一，就是这种历史记录材料的产生和积累，始终根源于特定的形成单位以及它自身所进行的职能活动。由此而形成的记录材料之间有着密切的历史联系。[①]对此，可以从以下两点进行具体分析：

① 范振君：《做好档案工作是我们的历史责任》，《工会论坛（山东省工会管理干部学院学报）》2005 年第 3 期。

（1）少先队工作档案来源于少先队组织。

（2）少先队工作档案来源于少先队组织成员开展的少先队活动。

2.少先队工作档案是保存备查的有价值的记录。

少先队组织在活动中总要产生和使用许多文件材料，又称历史记录材料。由于少先队工作的持续性和发展性，少先队组织就把日后仍需查考利用的文件材料有意识地留存下来，这就成为少先队工作档案。但是，并非所有形成的文件材料都需要作为档案保存，少先队工作形成的文件要作为档案是有条件的。文件转化为档案一般要具备三个条件：

（1）办理完毕的文件才能归入档案，正在执行中的现行文件不是档案。文件具有现行效用，档案一般是完成了传达执行和记述等现行使命而留存备查的历史文件。

（2）对组织成员或日后的少先队工作，有一定查考、凭证等利用价值的文件才有必要作为档案保存。各项少先队活动中形成的大量文件不能全部作为档案保存，临时性的文件、使用完毕即失去价值的文件不需要归档，只有那些具有长期保留价值的文件材料才需要归档。

（3）按照一定的规律集中保存起来的文件才能最后成为档案。这类文件必须按照档案整理规范标准进行整理归档，并集中保管。归档和集中保存既是文件转化为档案的程序和条件，也是一般的标志和界限。

3.少先队工作档案的载体是多种式样的。

少先队的活动形式多种多样，也就形成了各种形式的档案材料。从档案的载体形式来看，少先队档案一般有纸质、胶片、磁带、光盘、录像、实物等等。从档案的信息记录方式看又可以分为三种类型。一是从档案信息处理技术方面，有记录、摄影、录像、扫描等；二是从表达的方式上可归纳为文字、图像、声音等；三是从传达信息的文体上有指示、通知、总结、方案等等。

4.少先队工作档案是直接形成的历史记录。

档案是直接的历史记录，也可以说，档案是历史的原始记录。少先队工作档案不同于一般的历史遗物，它是以具体内容反映少先队活动的历史记录，具有很强的记录性。所以它具有很高的查考价值。但是它又不同于一般的信息资料，它是特定的形成者在当时当地直接使用的原始文件的转化物，不是事后编写或者随意收集的材料，因而具有原始性的特点。[1]所以，少先队工作档案集原始性和记录性于一体，以此鲜明的特点而区别于其他资料。

二、档案的属性

少先队工作档案的属性是指档案在社会中所表现出来的固有特征。少先队工作档案既具备一般档案特有的基本属性——原始记录性，也具备许多文献资料共有的一般属性——信息性、文化知识性等等。[2]

（一）原始记录性

原始记录性是少先队工作档案的基本属性，因为档案是人

---

[1] 陈红、田燕：《试论档案价值的演变与文件生命周期》，《湖北电业》2009年第4期。
[2] 陈红、田燕：《试论档案价值的演变与文件生命周期》，《湖北电业》2009年第4期。

们从事社会实践活动的记录材料转化而来的，是历史的原始记录。它直接、客观地记录了形成者的真实活动情况，具有原始记录性。少先队活动是怎么开展的，少先队员是怎么活动的，档案就怎么去记载。所以，档案无论从形式上或内容上都表现了记录性和原始性。在形式上，活动中的发言稿、活动照片以及活动录像和原声录音等档案直接记录和保留着原来活动的历史面貌。因此，少先队工作档案跟其他档案一样是真实可靠的历史凭据。正确认识少先队工作档案的原始记录属性，对做好档案的收集整理工作有实际指导意义。

（二）信息属性

在当今的社会中，信息这个词普遍地见于生活和科学之中，作为日常用语，指音信、消息。作为一个科学概念，信息的表述是多种多样的。在不同学科中，它有不同意义。一所学校的少先队工作档案记录着本学校少先队工作开展的信息。它具有其他信息所具有的共性：可以扩充、浓缩、分享等，也可以收集、传递、存贮、检索、处理、交换利用等。另外，它还有自己的特点：

1.少先队工作档案信息是原始的固定信息，能使少先队工作原貌再现。

2.少先队工作档案信息是直接信息和间接信息的统一。

3.少先队工作档案信息面广量大，内容丰富。

4.少先队工作档案信息是回溯性信息。

我们认识了少先队工作档案的信息属性，就进一步明确了少先队工作档案在社会和工作中的重要作用，从而要重视少先队工作档案的收集、整理以及保管。要把相关少先队档案信息资源收集、存贮、开发利用好，使档案信息资源及时、准确、高效地传送到利用者手中，充分发挥少先队档案信息在社会和工作中的重要作用。

（三）知识属性

少先队工作档案作为知识的一种载体和存贮形式，有以下特点：

1.原型性。档案是人们社会实践活动中的原始记录，它直接记录着人们实践活动的经验，记录着人们对客观事物、现象的认识。所以，档案是知识贮存的一种原型形式。

2.孤本性。档案作为记录知识的原稿、原本，往往只有一份，这也是档案外在形态上区别于其他方面资料的特点之一。档案的孤本性是不可替代的，这也是档案具有权威性和真实性的重要原因。

3.继承性。知识是有继承性的，档案记载着前人所获得的知识，凝聚着共同创造的知识成果，值得后人继承和借鉴。在社会发展的长河中，少先队活动工作的开展，总要以昨天的终点为起点，在前人知识的基础上继续发展下去，创新下去。在这里，档案起到了重要的接力棒和阶梯的作用。[①]

三、档案的价值与作用

在人类文明社会中，档案之所以需要保存并世代流传，其生命力的根基在于它具备所特有的价值和作用。档案的价值和作用，在档案学和档案工作术语中基本上具有等同的含义，就是说档案有什么用处。通常讲到档案的具体用处时多使用"作用"一

---

① 刘彤：《档案馆文化功能的实现策略》，《黑龙江档案》2012 年第 2 期。

词，从整体和理论抽象上讲档案的意义时多使用"价值"一词。也就是说，档案的价值就是档案在人们认识和改造世界中的意义或对实践活动的作用。提到少先队工作档案的价值，必须从档案自身和社会需要两个方面入手，具体分析档案自身的有用性和社会在什么情况下使这种有用性转化为现实价值。[①]

（一）一般作用

1.少先队工作的查考凭证。少先队为了有效地开展活动，必须全面地掌握情况，档案是少先队活动的历史记录，它可以为少工委和学校少先队工作开展提供依据和咨询材料。利用档案，有助于计划和决策的科学化，有利于克服和避免一些盲目性，提高少先队工作开展的效率。

2.科学研究的可靠依据。档案可以为少先队工作的科学研究提供大量的科研记录、观察材料以及理论概括材料，为少先队工作的科学研究和课程体系的建设创造必要的条件，所以人们常常把档案比作科学研究的食粮和能源，是不可缺少的必要条件。

3.宣传教育的生动素材。档案翔实地记录了少先队工作的轨迹。利用这些档案，进行科研、文学创作以及举办宣传教育活动等，都具有强烈的说服力和感染力。

（二）基本价值

档案在少先队工作中具有重要的应用价值。做好少先队档案的归档，实现少先队档案的科学化管理，对于进一步做好少先队工作起到积极促进作用。它的基本价值体现在以下几个方面：

[①] 刘彤：《档案馆文化功能的实现策略》，《黑龙江档案》2012年第2期。

1.少先队工作档案有助于提升辅导员素质，为更好地做好少先队工作奠定一定的基础。

档案中的资料是辅导员在实践工作中积累起来的，对各项工作和活动开展都有较详细的记载。因此，便于辅导员从中汲取经验和教训，反思成功与不足，从而更加迅速地提高自身的业务水平。尤其对于刚做辅导员工作的同志来说，他们作为"新手"，不可能一下子适应少先队工作，特别是在原任辅导员调离的情况下。这样一来，少先队工作档案便成了新任辅导员"传""帮""带"的老师。可以说，规范的少先队档案，是少先队辅导员拟订少先队工作计划、总结、搞好少先队活动、学习少先队工作理论的参考书，是辅导员开展少先队工作的信息库，是辅导员了解、学习少先队工作的"活字典"。

2.少先队工作档案能够为学校制订计划、做出决策、总结工作提供依据。

少先队工作是学校整体工作的重要组成部分。少先队工作档案不仅可以帮助辅导员全面理解和掌握上级有关部门的文件精神，有的放矢地安排好少先队的各项工作，少先队工作档案中反映出的一些问题也为学校整体工作安排和决策提供重要依据。

3.少先队工作档案可以满足不同人群信息咨询的需要。

少先队各项档案的借阅制度可以为不同人群提供少先队活动的信息。比如既能为少先队中队辅导员提供少先队大队活动的信息，又能为上级领导部门指导、检查少先队工作提供依据，当然也为学校承接的各项各级检查评比提供依据。

4.少先队工作档案是少先队成长的教科书。

少先队工作档案对少先队员的茁壮成长起到重要的作用。

一是激励表彰作用。少先队员的光荣事迹和获得的荣誉被记录在少先队中队和大队的记录本档案上，这无疑会增添少先队员的集体荣誉感，增强少先队员的向心力和凝聚力，激励少先队员积极努力，为少先队组织增光添彩。二是增强少先队员的自信心。将少先队员的优秀活动、作品记录在档案中，并展示给更多的少先队员，可以让他们增强自信心。三是拓宽视野，全面提高少先队干部的能力。少先队工作档案是非常好的学习资料，引导少先队干部学习好的活动形式、内容和方法，对少先队小干部培训起到正面作用，可全面提高少先队干部的能力。

（三）发挥作用的规律

1.档案价值的扩展率。最初是档案的形成者需要经常查阅，随着时间的推移，相关部门对档案的利用需要也在增强。于是，档案的作用由形成者扩大到部门再扩大到学校乃至社会。

2.档案机密性的递减率。档案的机密性随着时间的推移和条件的变化而变化，一般情况是档案的机密性与档案形成时间的长短成反比。

3.档案作用的制约率。档案的作用是客观存在的，但处于静态的档案，它的作用又是潜在的。要使潜在价值变为现实的直接价值，要受到一定条件的制约。它受社会条件的制约，受人们对社会档案意识的影响，也受到档案管理水平的限制。

第二节　少先队工作档案的收集和整理

一、收集、归档范围

少先队工作是一项任务重、涉及面广、整体管理难的工作。很多辅导员都认为少先队活动搞完后就万事大吉了，其实，更重要的工作还在后边，其中一项就是做好少先队档案的收集、归档和整理工作。

少先队工作档案收集要求和归档范围如下表所示：

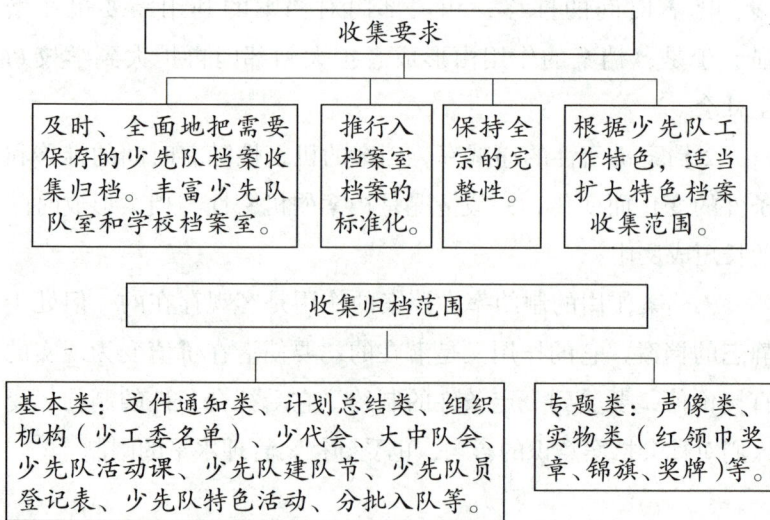

```
                    ┌──────────────┐
                    │   收集要求    │
                    └──────────────┘
```

及时、全面地把需要保存的少先队档案收集归档。丰富少先队队室和学校档案室。	推行入档案室档案的标准化。	保持全宗的完整性。	根据少先队工作特色，适当扩大特色档案收集范围。

```
                    ┌──────────────┐
                    │  收集归档范围  │
                    └──────────────┘
```

基本类：文件通知类、计划总结类、组织机构（少工委名单）、少代会、大中队会、少先队活动课、少先队建队节、少先队员登记表、少先队特色活动、分批入队等。	专题类：声像类、实物类（红领巾奖章、锦旗、奖牌）等。

二、分类

科学分类是做好少先队档案工作的前提。少先队工作档案的管理是少先队工作的重要内容，科学规范档案的类别，不仅便于保管，更有利于后期的查阅，在充分发挥其作用方面起着积极的推进作用。

（一）内容分类

1.文件类，包括有关少先队工作的各类文件、通知、决定等，少先队工作的计划、总结、报告、简报以及少先队相关的论文成果，也属于文件类档案。

2.制度类，包括学校少先队工作制定的各项制度以及上级少工委颁发实行的相关章程和制度。

3.活动类，包括少先队活动的计划、方案、过程性资料、总结等。

4.信息类，包括少先队开展活动后的一些信息、媒体报道等。

5.名册类，包括学校少工委名单、大队委名单、入队手册、辅导员等级表等。

（二）级别分类

1.一级档案，即各校少先队大队必备的档案，包括少先队工作计划、总结、少先队干部名册、少先队文件、各级表彰材料、少代会材料。

2.二级档案，即反映学校少先队基础建设，在一定时期内对学校有参考价值的档案材料，包括队前教育、队干部培训、队籍等相关材料。

3.三级档案，即能够突出少先队工作特色的档案，由学校大队部保管，自定保管时限，包括各类活动材料、特色活动记录和中队工作情况记录等。

三、整理

（一）少先队工作档案的整理原则

少先队工作档案应按照以下原则进行收集整理。

1.及时。一项工作完成后，辅导员应尽快将活动情况形成文字资料，按照种类、名称、级别等对档案进行分类，初步整理后分册装置，待订。

2.全面。对于某项工作的所有相关材料，包括相关人员的发言稿以及一些必要的参考材料，都应完整齐全地放进档案盒，以便真实客观地反映和记录活动的整体情况。

（二）少先队工作档案的整理步骤

1.排序。将相同种类、内容的档案按时间顺序排好，进行再次整理细分。

2.装册。将整理好的档案装订成册，或者是按档案类别编号装入档案盒。

3.成档。在汇编成册的档案首页上写清档案的目录，需保存的时限等，在末页上写清立卷人和立卷时间，便于查找。

档案的整理原则和整理要求详见下表：

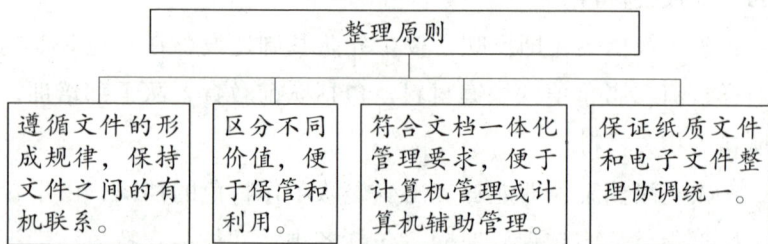

整理原则

| 遵循文件的形成规律，保持文件之间的有机联系。 | 区分不同价值，便于保管和利用。 | 符合文档一体化管理要求，便于计算机管理或计算机辅助管理。 | 保证纸质文件和电子文件整理协调统一。 |

```
                    ┌─────────────────┐
                    │     整理要求      │
                    └─────────────────┘
```

少先队档案按照学校的全宗管理：同一个全宗的档案不能分散，不同全宗的档案不能混杂。	按照分类方案进行档案的分类、编号，学校档案室统一编制档案号，并按档案号顺序排架，分类、编号和排架一经确定不可随意变动。	编制检索工具，依据档案号顺序编制归档文件目录或案卷目录及专题目录、全引目录等。编目应准确、详细，便于检索。	建立全宗，使档案管理过程中形成的材料能够有序存放，便于查找。

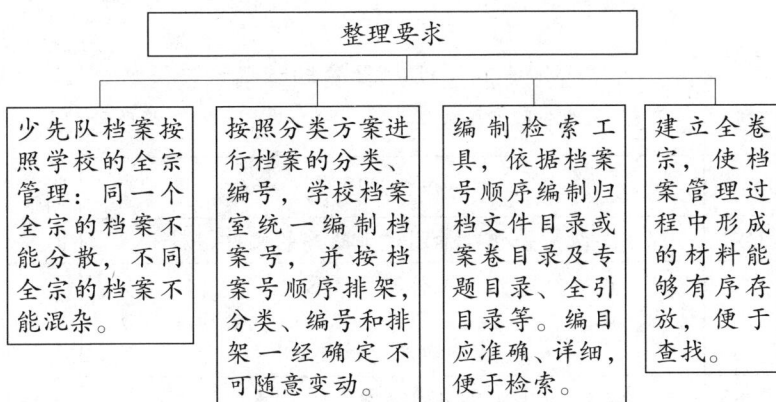

（三）学校少先队工作档案整理的注意事项

1.规范。档案一般需要打印，如果是学生的稿件，需用作文纸、信纸贴在与本档案大小相同的纸上，需用钢笔或签字笔书写。

2.完整。档案要及时进行整理，确保每项档案的完整，每学年装订一次，一级档案要移交学校档案室保管。

3.准确。每项档案内容要确保准确无误。

学校少先队工作档案资料参考目录

类别：　　　　　　少先队工作总分类号：　　　　　　管理人：

类目	归档范围	保管期限
DS1	上级有关党建带团建带队建的文件材料	30年
DS2	少代会计划、通知、工作报告、议程、提案、决议、总结、记录、发言稿、照片、录音、大会选举办法、选举结果、批复等	短期
DS3	少工委名单、分工、职责	短期
DS4	少先队工作计划、总结	短期
DS5	少先队大队委名单、少先队分批入队方案、名单、少先队入队手册、红领巾奖章、过程性评价材料	短期
DS6	少先队大队、中队活动记录材料	短期
DS7	少先队国旗下讲话材料	短期
DS8	少先队活动课教案、教材	短期
DS9	少先队三簿一册、红领巾广播站材料	短期
DS10	少先队志愿服务、"传承红色基因，争做新时代好队员""红领巾心向党""红领巾寻访活动""扣好人生第一粒扣子"各项主题教育活动材料	短期
DS11	少先队辅导员和少先队员各项荣誉、奖状、奖杯、奖章	短期

第三节 少先队档案的保管和利用

一、少先队档案的保管

根据档案的成分和状况，应采取相应的存放和安全防护措施对少先队档案进行妥善保管。档案保管工作质量的高低，对提高档案管理水平具有重大影响。档案保管得好，就为整个档案工作的顺利进行提供了物质对象和最起码、最基本的前提。档案保管工作的基本任务是防止档案的毁损，延长档案的寿命以及维护档案的安全。保管档案的基本要求是：以防为主，防治结合；相互协调，密切配合；加强重点，照顾一般；立足长远，保证当前。

档案的登记与统计工作也是档案保管工作的内容之一。档案登记的种类和形式很多，从登记的内容上主要可分为两种类型，即档案数量和状况的登记与档案提供利用登记。档案数量和状况的登记主要有以下几种：卷内目录和案卷目录；案卷目录登记簿；全宗名册、全宗单、全宗卡片、档案成分和数量变化情况报道表、收进登记簿、总登记簿。档案提供利用登记有：利用者登记卡片、档案室入室登记簿、借阅单、档案借出记录簿、档案利用效果登记单、借阅情况登记簿。

档案检索工具的基本功能有两个方面：一是存贮；二是查找。档案检索工具这两方面的基本功能在档案管理中又具体表现为以下作用：一是查找作用，通过检索工具能够快速查到档案文件。二是交流作用，通过检索工具登记的档案目录，为少先队组织之间交流档案工作提供直观帮助。三是管理作用，通过检索登记所有档案的题名和档案号，实现对档案的全部管理，防止丢失。

档案检索工具的种类也有很多，一般分类方法有以下几种：

1.按编制方法分为：目录、索引、指南。

2.按检索范围分为：一个全宗范围、若干全宗范围、专题范围。

3.按载体形式分为：卡片式检索工具、书本式检索工具、缩微式检索工具、机读式检索工具。

4.按功能分为：馆藏性检索工具、查找性检索工具、报道性检索工具。

书本目录常作为档案检索工具：

1.案卷文件目录。比较常见的有三种：第一种形式是，先列出每一案卷的主要项目，再在每一案卷下面详细地列出卷内文件目录。第二种形式是，仅指出每一个案卷的卷号和题名，下面列出该卷的卷内文件目录。第三种形式是，分为两部分，第一部分为案卷目录表，第二部分为卷内文件目录表。

2.文号目录。文号目录是按文号、作者、年度编排并指明出处的一种检索工具，是一种特殊形式的目录。文号目录的编制方法是：先设计印刷好《文号目录表》，再找出要编文号目录的案卷，按文件字号的顺序，把文号、文件形成时间、档号填在表内，装订成册即可。

二、档案的利用

（一）概念

档案的利用就是档案利用者通过调取档案，查找、利用档案信息，满足其利用需求的行为过程，也是档案信息资源潜在的利用价值得以实现的过程。

（二）档案利用的方式

1.查阅，就是利用者在档案室调取档案进行阅览，了解档案信息。

2.复制，就是利用者对需要的档案材料进行复印，以方便今后使用。

3.摘录，就是利用者对档案中的内容挑选需要的进行有选择的记录。

4.展览，就是利用者为了宣传某件事、某个活动、某个题材，将有关的档案材料原件、复制件或高仿制件通过某种形式在公开场合进行展示，让更多的人认识、了解少先队的工作。

5.编辑资料，就是利用者就某个主题对部分档案进行加工编辑，形成新的书籍、音像等资料。

（三）档案利用的方法

1.线上查阅，就是利用者通过互联网或专网进入相关查档平台，利用档案室给予的查档授权代码，进行网络查询。

2.线下查阅，就是利用者到相关档案室实地查阅档案原件。

利用者通过利用少先队档案，能够实现对即将开展的某项少先队工作提供素材和思路，给宣传少先队工作提供丰富的材料，给优秀的少先队员档案补充荣誉档案材料。总之，做好少先队档案工作，对记录留存少先队工作发展足迹，促进发展少先队工作，提高少先队员的荣誉感，促进人才培养和发展具有重要意义。

参考文献

［1］华耀国.少先队基层组织建设指南［M］.长春：北方妇女儿童出版社，2011.

［2］刘电芝.中小学教育科研方法［M］.重庆：西南师范大学出版社，2001.

［3］卢刚，李红茹，陈洁.少先队节日纪念日活动方案荟萃［M］.长春：北方妇女儿童出版社，2011.

［4］鲁胜全.教师如何进行教育科学研究［M］.乌鲁木齐：新疆青少年出版社，2009.

［5］卢淑泉.新时代少先队工作教程［M］.长春：北方妇女儿童出版社，2018.

［6］少先队新疆维吾尔自治区工作委员会.少先队工作必读［M］.乌鲁木齐：新疆青少年出版社，2010.

［7］田学红.教育科学研究方法指导［M］.杭州：浙江大学出版社，2006.

［8］吴建明.少先队工作实践与理论研究［M］.杭州：浙江大学出版社，2011.

［9］吴剀.少先队教育科研方法与范例［M］.长春：北方妇女儿童出版社，2011.

［10］王同瑞，李玉红.少先队小干部队伍建设百题［M］.长春：北方妇女儿童出版社，2011.

［11］王延风.少先队辅导员工作读本［M］.长沙：湖南电子音像出版社，2019.

［12］赵国强.少先队大队辅导员工作实操［M］.北京：中国铁道出版社，2019.

［13］张先翱.少先队工作方法论［M］.北京：中国少年儿童出版社，1992.

［14］张先翱.张先翱少先队教育文集［M］.北京：中国少年儿童出版社，2014.

［15］中国少年先锋队全国工作委员会，中国少年先锋队工作学会.中国少年先锋队大全［M］.北京：中国少年儿童出版社，2005.

［16］朱峰，卢淑泉.新时代少先队辅导员工作指南［M］.北京：新华出版社，2018.

［17］共青团中央，教育部，全国少工委.关于印发《少先队改革方案》的通知（中青联发〔2017〕3号）［EB/OL］.（2017-02-22）［2022-06-20］.http://cdn.k618img.cn/61gqt/wjk/pdf/201704/P020170425347625951415.pdf.

［18］共青团中央，教育部，全国少工委.关于印发《中国少年先锋队组织工作条例（试行）》的通知（中青联发〔2018〕1号）［EB/OL］.（2018-01-22）［2022-06-20］.http://cdn.k618img.cn/61gqt/wjk/pdf/201802/P020180202325240317820.pdf.

［19］共青团中央，教育部，全国少工委.关于印发《关于构建阶梯式成长激励体系 增强少先队员光荣感的指导意见》、《关于深入贯彻落实党建带团建、队建 加强少先队工作体制机制建设的意见》的通知（中青联发〔2019〕13号）［EB/OL］.（2019-11-20）［2022-06-20］.http://cdn.k618img.cn/61gqt/wjk/2019/zqlf/201911/W020191128421760937940.pdf.

［20］共青团中央，教育部，人力资源社会保障部，全国少工委．关于印发《关于加强新时代少先队辅导员队伍建设的意见》的通知（中青联发〔2020〕2号）［EB/OL］．（2020–02–27）［2022–06–20］．https://zgsxd.k618.cn/wjk/pdf/202003/P020200302347189185264.pdf.

［21］共青团中央，教育部，全国少工委．关于认真学习宣传贯彻《中共中央关于全面加强新时代少先队工作的意见》的通知（中青联发〔2021〕1号）［EB/OL］．（2021–04–22）［2022–06–20］．http://cdn.k618img.cn/61gqt/wjk/2021/zqlf/202107/W020210730508895949304.pdf.

［22］全国少工委．关于印发《少先队活动课程指导纲要（2021年版）》的通知（中少发〔2021〕3号）［EB/OL］．（2021–12–17）［2022–06–20］．http://cdn.k618img.cn/61gqt/wjk/2021/zsf/202112/W020211222581767553611.pdf.

［23］共青团中央办公厅，全国少工委办公室．关于印发《中国少年先锋队红领巾、队旗、队徽、队委（队长）标志和队歌使用管理规定》的通知（中青办联发〔2020〕1号）［EB/OL］．（2020–04–30）［2022–06–20］．https://zgsxd.k618.cn/wjk/pdf/202005/P020200507348671912882.pdf.

［24］共青团中央，全国少工委．关于印发《中国少年先锋队标志礼仪基本规范》的通知（中青联发〔2017〕21号）［EB/OL］．（2017–09–27）［2022–06–20］．https://zgsxd.k618.cn/wjk/pdf/201710/P020171013565420698554.pdf.